Mosaik

Rupert Mayr / Renate Zeltner

# Vom Umgang mit den Früchten der Natur

Ernten, Sammeln, Verarbeiten, Einmachen,
Rezepte, Anleitungen,
traditionelle und moderne Praxis

Aquarelle und Zeichnungen
von Christine Mills

Mosaik Verlag

# Inhalt

# *Warum dieses Buch geschrieben wird*

So wie sich dieser wunderschöne Sonntagmorgen langsam häutet und die ersten Sonnenstrahlen schüchtern durch den Frühnebel fallen, der nach dem starken Regen der Nacht wie ein Schleier über dem Land liegt, so vorsichtig wage ich mich an den Einstieg zu unserem zweiten Buch. Die Erfahrungen des ersten Bandes und die vielen Rückmeldungen darauf machen es mir diesmal leicht.

Ich brauche mich nicht mehr vorzustellen, sondern kann gleich aufbrechen zu einem Ausflug in meine Gedankenwelt, kann sagen, was mich bewogen hat, gerade jetzt dieses neue Buch anzufangen. Viele wichtige Informationen waren schon für den ersten Band zu Papier gebracht, doch sie fanden dort nicht alle Platz.

Während der Tag allmählich erwacht und die Turmuhr schlägt, fällt mir etwas ein, was die Mutter uns Kindern oft beim Stundenschlag sagte: „Jetzt schlägt die Stund, ich wünsche, die Kranken werden gesund, die Betrübten getröst' und die armen Seelen erlöst!" Sie hat es oft wiederholt und dazu auch Geschichten erzählt, die ich damals nicht immer verstanden, die ich aber bis heute nicht vergessen habe. Über manche von ihnen komme ich immer wieder ins Nachdenken. Wie wichtig ist es doch, sich auch denen mit positiven Gedanken zuzuwenden, die leiden müssen oder traurig sind. Nichts anderes wollte die Mutter uns mit diesem Spruch einprägen. Und es ist gut, daß sie es uns von klein auf und immer wieder gesagt hat.

„Vom Umgang mit den Früchten der Natur" – das ist eigentlich ein Thema, das uns viel öfter zu denken geben sollte. Wie wir mit dem umgehen, was die

*Hinter den Bergen steigt die Sonne empor, und ein wunderschöner Sonntag beginnt.*

Natur uns darbietet und schenkt, so sind wir und so leben wir. Auch wir Menschen sind ja innerhalb der Schöpfung „ausgesät", gelangen zur Reife, wirken und durchleben unsere Tage als Teil des großen Ganzen, als winziger Mosaikstein und werden schließlich zur Ernte „gepflückt", man kann auch sagen heimgeholt.

Wenn man selbst wie ich eine glückliche und erfüllte Kindheit und Jugend gehabt hat, wenn man auch im Erwachsenenleben alltäglich erleben darf, was es heißt, mit den Früchten der Natur vernünftigen Umgang zu pflegen, so hat man das Bedürfnis, dies weiterzusagen.

## *Das Vorbild unserer Vorfahren*

Natürlich haben mich Kindheit und Jugend im Kreis unserer großen Familie dort oben in der Wildschönau geprägt. Meinen Eltern war es wichtig, daß wir Selbstversorger und damit sozusagen autark waren. Was die Familie zum Essen und Trinken und für den Unterhalt brauchte, das zogen wir uns selbst heran, Getreide für das tägliche Brot, Kartoffeln und Gemüse für den Mittagstisch; wir hatten Vieh für Fleisch und Milch für Butter und Käse. Im Obstanger reiften zwar nur wenig Äpfel und Birnen, dafür hingen aber die Beerensträucher voll mit Johannisbeeren und Himbeeren. Und den ganzen Sommer lang ernteten wir natürlich auch, was Wald und Feld uns zu bieten hatten: duftende Walderdbeeren, tiefblaue Heidelbeeren, Himbeeren, Preiselbeeren, Holunder und Haselnüsse, aber auch Hagebutten und Schwammerl. Und dann brauchten wir natürlich Teekräuter für die verschiedenen Teemischungen, die unsere Mutter zusammenstellte. Wir sammelten sie, wenn der Morgentau auf Blättern und Blüten abgetrocknet war. Sie wurden zu Büscheln gebunden und oben in der Mantellaube zum Trocknen aufgehängt, oder wir trockneten sie in der Stube.

*Leben mit der Natur im Wechsel von Arbeit und schöpferischer Pause.*

Meine Mutter war eine Meisterin der Vorratswirtschaft. Wir mußten ja durch den bei uns im Gebirge so langen und harten Winter kommen. Bis in den späten Herbst hinein wurde das Geerntete eingekocht und eingelegt, gesalzen, gesäuert und getrocknet.

Natürlich hat uns die Technik heute neue, praktische Konservierungsmöglichkeiten beschert, die wir selbstverständlich nutzen sollen. Doch trotzdem ist es lohnend, auch auf traditionelle, althergebrachte Methoden zurückzugreifen. In unserem Haushalt gibt es eine Kombination aus Bewährtem und Neuem, und wir fahren gut damit.

## *Eigenverantwortung und Neuorientierung*

Der schwere Regen der vergangenen Nacht hat unseren Garten verändert. In der Taufrische liegen triefnasse Pflanzen matt übereinander. Doch sobald die Sonne Kraft gewinnt, regen sich die Pflanzen, heben die Blumen ihre Köpfe, alles streckt sich wieder der Sonne entgegen. Ganz ähnlich ergeht es auch uns.

Begegnungen mit Menschen, Gespräche mit Fachleuten und Ärzten, wichtige Bücher und vor allem die Lehrstücke der Natur bringen uns Tag für Tag einen Schritt weiter. Wenn wir offen sind und nicht stur und vernagelt, wenn wir uns um eine sinnvolle Lebensführung bemühen und uns nicht fehlleiten lassen von eindimensionalem Denken, dann können wir uns täglich neu aufrichten. Das Hinfallen ist keine Schande, man darf nur nicht liegenbleiben.

Zu Mittag ist im Garten alles wieder gut. Auf unserem bunten Gemüseteller finden wir die Farben, die Aromen, die lebensspendenden Kräfte unserer Gar-

*Das Vorbild unserer Vorfahren; Milchverarbeitung in der heimischen Sennerei.*

*Die Leirer-Mutter bei der Arbeit: Der selbstangebaute Flachs wird gesponnen.*

tengemüse wieder. Geziert von Borretschblüten und Thymiansternchen, gewürzt mit Zitronenmelisse, Süßkrautblättern und Schnittlauchröllchen, mit Anis- und Kümmelkörnchen, prangt die große Salatschüssel mitten auf dem Tisch.

Die Familie sitzt rundherum und findet Zeit, über Vergangenes zu reden, Heutiges zu diskutieren (wenn nötig auch kontrovers) und Zukünftiges zu beratschlagen. Das gemeinsame Essen, die herzhaft frischen Lebensmittel schaffen eine Atmosphäre, die verbindet. Alle fühlen sich wie in einem Kraftfeld, in dem man auftanken kann für den nächsten Arbeits- oder Schultag, die Aufgaben der kommenden Woche.

Die Pflanzen, die an ihren Standort gebunden sind, richten sich im Laufe des Tages stets nach der Sonne aus und speichern die Sonnenwärme in ihren Zellen; das erleben wir ganz deutlich im Tagesrhythmus eines Sonnenblumenfeldes. Genauso müssen auch wir uns stetig neu ausrichten auf ein Kraftfeld und bei der Suche nach Licht und Wärme Mut fassen. Pflanzen brauchen starke Wurzeln, um sich drehen zu können und die Köpfe der Sonne entgegenzustrecken. Wir aber benötigen Stehvermögen, damit wir nicht aus

*Aroma und Farbe bringt das Blau der Borretschblüten auf unsere Teller.*

*Der Leirer-Hof hoch oben in der Wildschönau in Tirol, wo Rupert Mayr zu Hause war.*

dem Gleichgewicht kommen, sondern Kraft und Selbstvertrauen in uns selber finden. Wir sollen zwar flexibel sein, uns aber doch immer wieder auf unseren Ausgangspunkt zurückbesinnen.

Uns Menschen dauert es oft zu lange, bis sich die Blüte öffnet; wir sind ungeduldig und meinen, die Pflanzen könnten etwas versäumen, wünschen uns, daß die Bienen noch früher ausfliegen. Doch alles braucht seine Zeit zum Reifen, muß erst in die richtige Schwingung versetzt werden. Die Pflanzen sind unsere zuverlässigsten Sonnenkollektoren. Sie veredeln täglich in großen Massen Energie aus dem All zu wertvoller Nahrung für Mensch und Tier. Diese Energie ist für uns lebenswichtig. Der Energiefluß wirkt unendlich weiter, ist nie vollendet, bewirkt ein ständiges Werden und Vergehen. Und wir stehen mittendrin. Naturphänomene wie Sonne und Mond, Regen und Schnee, Wind und Gezeiten, Jahreszeiten und Naturereignisse regen uns an zu verweilen, zu staunen und zu bewundern. Doch sie geben uns auch Anstöße zu eigener Aktivität.

Wenn das Sonntagsessen mit feinem Joghurt und Erdbeeren aus dem Garten seinen Abschluß findet, fühlen wir uns nicht vollgegessen und träge, sondern leicht und unternehmungslustig. Beim Sonntagsspaziergang sprechen wir davon, wie künstlich geweckte Bedürfnisse den Blick verstellen für die Natur und alles, was sie uns zu bieten hat. Es geht doch darum, aus jedem Tag etwas Besonderes zu machen. Nahrung ohne Lebenskraft, Streß (auch Freizeitstreß) und Sorgen machen krank. Wo sollen wir unsere eigene Vitalität und Strahlkraft hernehmen, wenn wir uns nicht an das Gewachsene, Natürliche halten?

Unsere Mutter sagte oft: „Die größten Kreuz' sind die selbstgemachten!" Erst heute fange ich an zu verstehen, was sie uns damit sagen wollte. Und wieder wächst in mir der Wunsch, Lebenserfahrungen, die wir selbst und die vor uns schon Generationen gemacht haben, lebendig zu halten und sie möglichst auch weiterzugeben.

Tonnenweise nehmen wir im Laufe unseres Lebens Nahrungsmittel auf. So bewirken wir einen Energiefluß, der uns wecken, aktiv und begeisterungsfähig machen soll. Fehlt es unserer Nahrung aber an Vitalstoffen, ist sie fad und leblos, so werden wir mit der Zeit müde und schließlich krank.

Auch beim Umgang mit den Früchten, die um uns zur Reife kommen, müssen wir auf Lebendigkeit achten. Wertvolle Lebensmittel (die mehr sind als Sattmacher) aber stärken unsere Freude und Widerstandskraft, fördern Schwingung und Energie, lassen uns die Welt mit anderen Augen sehen. Wir brauchen positives Denken und Zuversicht, um uns tagtäglich wieder mit neuer Kraft aufzuladen.

Geht es uns mehr um Bequemlichkeit, sind wir bald auf dem Weg ins Mittelmäßige, Beiläufige, in die Langeweile. Wir müssen uns begeistern können und immer an uns arbeiten, sollen uns nicht von Konsumanreizen und Modetrends mitreißen lassen.

Die meisten Krankheiten und Beschwerden haben auch mit der Nahrung zu tun, die wir zu uns nehmen, und mit einem Mißverständnis der Naturgesetze. Viele Pflanzen schießen üppig ins Kraut und sind doch leer, ihr Geschmack ist fad. Auch in unserer nächsten Umgebung ist es oft zu laut, zu schnell, zu grell und zu schrill geworden, deshalb können viele das Wesentliche nicht mehr hören, riechen, schmecken.

## Aura und Lebensmitte

Gesundheit ist ein Segen, für den wir danken und die Schöpfung loben. Doch tragen wir für unser Wohlergehen auch selbst Verantwortung. Wenn wir uns schaden, indem wir sterile, entartete, keimfrei gemachte und denaturierte Produkte essen und trinken, brauchen wir uns nicht zu wundern, daß mit der Gesundheit auch Zufriedenheit und Harmonie verloren gehen.

Wir sollen *Lebensmittel*, nicht bloße Nahrungsmittel erzeugen und zu uns nehmen. Wer aus lauter Bequemlichkeit und Ideenlosigkeit auf Frisches, Natürliches verzichtet und lieber auf Fertigprodukte und Schnellgerichte zurückgreift, der hat nicht begriffen, daß es bei der Auswahl und Zubereitung unserer Nahrung nicht zuletzt um die *Lebensmitte* geht.

Vernünftigen Umgang mit den Früchten der Natur muß man täglich praktizieren. Mittel zum Leben gewinnen wir nur, wenn wir Altbewährtes und Neues sinnvoll verbinden.

Ein Versuch lohnt sich gewiß. Lassen wir der Erkenntnis den Entschluß zur Veränderung, die guten Gedanken und schließlich Taten folgen. Machen wir uns frei vom Hang zur Bequemlichkeit und vom Zwang zum Konsum, und wir sind auf dem richtigen Weg zu mehr Harmonie und Zufriedenheit. Dann können wir die positive Spannung, die in der Natur zu manchen Zeiten herrscht, aufnehmen, den Duft und die Aura eines Kräuterbeetes genießen und uns eingebunden fühlen in die Schöpfung.

Die Natur ist überall dort verschwenderisch, wo es darum geht, den Fortbestand zu sichern; Milliarden Pollenkörner von Pflanzen werden übers Land getrieben, um möglichst vielen Samenanlagen die Chance zur Befruchtung zu geben. Die Regenerationskraft der Natur ist beinahe unerschöpflich – wenn der Mensch nicht mutwillig eingreift und die natürlichen Abläufe stört. Unser Kulturboden ist ein lebendiger Organismus mit großer Lebensvielfalt. Wir müssen ihm mit Respekt begegnen und ihn mit Ehrfurcht bearbeiten.

***Die Regenerationskraft der Natur ist beinahe unerschöpflich – wenn der Mensch nicht mutwillig eingreift und die natürlichen Abläufe stört.***

Setzen wir gegen lästige Insekten, „Unkräuter" und scheinbare Schädlinge erst die Giftkeule ein, so werden dadurch auch die Nützlinge in Mitleidenschaft ge-

*Die Sonne ist untergegangen, ein Tag im Einklang mit der Natur geht zur Neige.*

zogen und die Selbstheilungskräfte geschwächt. Mit Eingriffen in die Natur, die vordergründig zu höheren Erträgen und damit Gewinnen führen mögen, zieht sich der Mensch letztlich selbst den Boden unter den Füßen weg.

Wir sollten deshalb bestrebt sein, die Zeichen, die die Natur uns gibt, richtig zu deuten und mit den Früchten, die sie uns spendet, vernünftig umzugehen. Dann sind wir auf dem Weg zu mehr Selbst-Bewußtsein, zu Gesundheit und Gottvertrauen und in eine erfüllte Zukunft.

Es ist spät geworden, die Sonne untergegangen. Ein letzter Gang durch den Garten, der Blick auf unser kleines Paradies mit all den Blumen, Kräutern, Gemüsen, mit Bienen und Enten gibt mir die Gewißheit, daß es sich lohnt, mit der Natur im Einklang zu sein.

Niederndorf, am 8. Juni 1997

Rupert Mayr

# FRÜCHTE AUS FELD UND WALD

Beeren-Opfer
Walderdbeeren
Heidelbeeren für Bienen und Menschen
Beeren-Feste
Preiselbeeren
Granggl-Ausflüge
Holunder

# Früchte aus Feld und Wald

Wildfrüchte mit ihren wertvollen Inhaltsstoffen sind Lebensmittel und Heilmittel zugleich. Diese ganz besondere Gabe der Natur verdient es einfach, daß wir ihr beim Sammeln mit allem Respekt begegnen und nicht gierig zusammenraffen, was uns an Früchten in die Quere kommt. Wildbeeren sind nicht zum Schlemmen da, sie entfalten nämlich auch schon in kleiner, um nicht zu sagen homöopathischer Dosis ihre Wirksamkeit.

Seit der Reaktorkatastrophe von Tschernobyl genießen wir auch in unserer Region alles, was im Wald, am Wegrain und auf Lichtungen wächst, mit einiger Vorsicht und in nicht zu großen Mengen, doch wir vertrauen zugleich auf die Selbstreinigungskraft der Natur und den besonderen Wert der Wildfrüchte. Auch Warnungen vor dem Fuchsbandwurm und der Schwermetallbelastung lassen uns natürlich nicht kalt. Doch jeder muß für sich abwägen und entscheiden, ob er ein gewisses Risiko auf sich nehmen und diese Früchte, die ja eigentlich natürliche Genußmittel sind, sammeln will oder nicht. Wir nehmen sie ja ohnehin nicht in großen Portionen zu uns.

Meine persönliche Meinung ist, daß der Mensch, der ja Teil der Natur ist, ohne Angst und Unsicherheit mit seiner Umwelt leben sollte. Solange die Natur imstande ist, gefährliche Krankheitskeime in einem gesunden Kreislauf (z.B. Harmonie im Komposthaufen) unter Kontrolle zu halten, solange kann der Mensch die Herausforderungen, denen er gegenübersteht, mutig annehmen. Natürlich hat man dann auch die Verantwortung für sein Handeln zu tragen. Leben birgt halt immer auch Lebensgefahr!

In alten Überlieferungen wird berichtet, daß kranke und geschwächte Kinder sich nach einer „Kur“ mit Ziegenmilch und Heidelbeeren gesund und kräftig entwickelt haben. Der hohe Gerbsäuregehalt der Beeren regt die Verdauungsorgane an und steigert den Appetit. Das weiß ich noch von den langen Wegen, die wir als Kinder mit dem Vieh unterwegs waren und bei denen wir gar nicht genug von den saftigen Beeren bekommen konnten. Die Umstellung der Darmflora zur Beerenzeit hat auch auf andere Stoffwechselvorgänge im Körper eine nachhaltige Wirkung, wie ich heute weiß.

*Ab Juni gibt es Walderdbeeren zu ernten - am Waldrand, am Wegrain und auf Magerwiesen.*

**Beeren-Opfer**

*Die ersten Beeren, die man in einer Saison findet, sollte man den „armen Seelen“ bzw. den „guten Geistern“ opfern, hat man sich früher erzählt. Das geschah vielleicht sogar zum Selbstschutz, denn die ersten Beeren waren meist noch nicht ganz reif. Halbreifes Obst aber ist minderwertig; wenn man es trotzdem ißt, folgt meist die Quittung auf dem Fuße. Es bekommt einem nämlich gar nicht gut. Wir warten also mit der Beerensuche, bis die Früchte reif und saftig und im Vollbesitz aller Vitalstoffe sind. Beeren-Opfer wurden aber sicherlich auch dargebracht, um Schutz vor Unwetter, Hagel, Spätfrösten und Naturkatastrophen zu erbitten. Die Menschen waren sich der Abhängigkeit von ihrer intakten Umwelt bewußt und glaubten noch nicht, daß alles beherrschbar und menschenmöglich ist.*

## *Walderdbeeren*

Wie gesund Walderdbeeren sind, hat schon der große schwedische Botaniker Linné am eigenen Leib verspürt; er kurierte sich nämlich seine Gicht damit. Die Fruchtsäuren, ätherischen Öle, Gerbstoffe und Mineralstoffe der Beeren regen zudem den Stoffwechsel an und wirken fiebersenkend. Aus den getrockneten Blättern der Erdbeerstauden kann man zusammen mit Himbeer- und Brombeerblättern heilwirksame Tees mischen.

Walderdbeeren gehören zu den Rosengewächsen, sie werden nur 5-20 Zentimeter hoch und haben dreizählige, gesägte Blätter. Aus den schönen, weißen Blüten entwickeln sich ab Juni die aromatischen, roten Früchte. Die Pflanzen wachsen an Waldrändern, Wegrainen, am Fuß von felsigen Hängen und breiten sich an warmen, trockenen Plätzen bereitwillig aus.

Walderdbeeren haben uns im Juni oft vom Weg abgebracht; wir hatten ja unsere ganz bestimmten Plätze am Rand von Magerwiesen, auf Lichtungen und an Holzzäunen, die wir niemandem verrieten. In Stanitzeln aus Pestwurzblättern trugen wir die Früchte heim, um sie stolz zu zeigen und angereichert mit Zucker und Rahm gemeinsam zu essen. Wächst neben den Erdbeeren auch der um diese Zeit blühende Thymian, so haben die Früchte ein ganz besonderes Aroma.

***Walderdbeeren haben uns im Juni oft vom Weg abgebracht; wir hatten ja unsere ganz bestimmten Plätze am Rand von Magerwiesen, auf Lichtungen und an Holzzäunen, die wir niemandem verrieten.***

An den steilen Bergwiesen reifen Erdbeeren bei uns bis in den August, wenn die Mannschaft mit ihren Sensen zur Mahd ausrückte; bei Sonnenaufgang brauchte man bereits eine neue Schneid, und die Sensen wurden gedengelt. Da hatte mein Vater sich schon ein paar Zweiglein mit Erdbeeren an den Hut gesteckt, die wir Kinder herunternaschen durften. Der Vater saß am Dengelstein, klopfte die Sense mit gleichmäßigen Schlägen, griff mit dem Daumen an die frische Schneid und erzählte uns allerlei. Wir sammelten Fichtenzapfen und versorgten uns mit Erdbeeren und frühen Heidelbeeren in kleinen „Zeindln", eigens für die Kinder geflochtenen Gefäßen aus Wurzeln oder dünnen, gespaltenen Haselnußgerten.

Später richtete die Mutter Brot, Butter und Milch her, manchmal auch Käse und bei heißem Wetter den „Hennabutta" (gestockte Sauermilch) in einer irdenen Schüssel. In den Tonkrügen und -schüsseln blieb alles herrlich frisch. Als Überraschung steckte sie Erdbeerzweige und Heidelbeersträußlein dazu. Zur Erquickung gab es einen Krug Wasser aus einer bestimmte Quelle: Rainwieswasser oder Riedwieswasser.

Beim Ausmähen der Hacksteine (Felsvorsprünge auf einschnittigen Wiesen) ließen die Mäher mit Rücksicht auf die gute Schneid ihrer Sensen das Gras und natürlich die Erdbeeren stehen. Wenn wir dann mit der Zweizinkengabel Gras ausbreiteten, machten wir hier gern Rast und naschten an den Erdbeeren; die Gräser und Kräuter wurden dann vorsichtig mit der Hand abgezupft, aber nie mit der Wurzel ausgerissen. Um der geschlossenen Grasnarbe willen nahm man sich die Zeit dazu.

## *Heidelbeeren*

Die kleinen Sträucher, die 35-50 Zentimeter hoch werden, gehören zu den Heidekrautgewächsen. An ihren aufrechten, eckigen Zweigen tragen sie eiförmige Blätter. Im Mai erscheinen die hellgrünen, manchmal fleischrot überlaufenen Blüten, aus denen die kugeligen, tiefblauen Früchte heranreifen.

Bei uns daheim waren sie ganz einfach „die Beeren", nicht weil es keine anderen gegeben hätte, sondern weil es für sie die meisten Verwendungsmöglichkeiten gab. In guten Jahren konnten wir größere Mengen von ihnen einsammeln, in anderen Jahren war die Ernte mager oder fiel ganz aus. Der Segen eines guten Beerenjahrs war natürlich mit viel Mühe und Arbeit verbunden. Mit dem Riffel (hölzernen Kamm) wurden vorsichtig die Beerensträucher durchkämmt. Die Früchte kamen zunächst in kleine Sammelkörbe (Zeindln) zum Umhängen, in Halbliter-, Liter- Zweiliter und Fünflitermaße und wurden dann von Zeit zu Zeit in die Ruckkörbe (Körbe, die man auf dem Rücken trug) umgefüllt. Zu Hause wurde die Beerenernte auf die Beerdarre zum Auslesen geschüttet.

Zur Belohnung für unseren Fleiß gab es daheim Beernocken, Beermandl und Beerschmarren. Aber

## Heidelbeeren für Bienen und Menschen

Die schönen, rötlichen Blüten mit dem süßen Blütenboden und den Nektardrüsen locken im Frühsommer meine Bienen auf der Hochalm an. Dank der in den Blüten enthaltenen Ascorbinsäure erstarken die Völker so mächtig, daß sich sogar Anfang Juli noch schwere Bienenschwärme (bis 3 Kilogramm) aufmachen.

Die Früchte sind anfangs zartgrün, färben sich dann rot und sind erst reif, wenn sie eine tiefblaue Farbe und weißliche Bereifung zeigen. Beim Pflücken darf der Fruchtstiel nicht mitgehen, andernfalls sind die Beeren bereits faulig, noch unreif oder durch einen Insektenstich krank. Solche Früchte werden später ausgelesen.

natürlich wurde die Ernte auch zu Marmelade, Beermost, Saft, Beerwein verarbeitet oder getrocknet. Auch brannte man den begehrten Heidelbeerschnaps, eine Spezialität, die ein wenig Bargeld in die Haushaltskasse brachte.

In den Alpentälern gibt es allerlei bemerkenswerte Rituale rund ums Heidelbeersammeln. Die Sammelgefäße (Zeindl, Zegger, Körbe) sind oft seit Generationen in der Familie und meist an den Hof gebunden. Es bringt keinen Segen, so etwas wegzugeben. Der Riffel aus Hartholz, meist Buchenholz, mit eingesetzten Stahlzinken bleibt ebenfalls im Familienbesitz und wird nicht einmal ausgeliehen.

Es galt auch als ungeschriebenes Gesetz, daß man nicht in den seit Generationen einer Familie vorbehaltenen Beeren-Revieren in Hofnähe wilderte. Heute ist solche Rücksicht wegen veränderter Lebensbedingungen, Erschließung mit Straßen und Wegen verlorengegangen, das Brauchtum in Vergessenheit geraten. Viele steuern das anvisierte Ziel mit dem Auto an, schwärmen aus und sammeln ihre Beeren in Hektik. Vielfach sind es Ortsfremde, die dem Sammeltrieb frönen und nach hastiger Ernte wieder forteilen. Sie lassen oft den Einheimischen an ihren angestammten Sammelplätzen nur leere Getränkedosen und Plastikbeutel zurück. Die Stauden werden nicht vorsich-

**Beeren-Feste**

*An manchen Tagen im Sommer rückten wir, wenn die Beeren vollreif waren, morgens zum Sammeln aus. Daheim aber wurden die Böden geschrubbt und Strudel zum Backen vorbereitet. Nachmittags roch es bereits nach frischer Marmelade und Heidelbeerstrudel. Wir saßen in der Lab (Balkon), lasen vorsichtig das Sammelgut aus und hatten blaue Münder. Oft wurden nach dem abendlichen Rosenkranz noch einmal die Beerdarrn (lange, breite Holzbretter mit Randleisten) mit Beeren zum Ausklauben gefüllt. Solche „kleinen Bauernfeiertage" waren zum Beispiel der Jakobitag und der Annatag, der Frauenabend vor Mariä Himmelfahrt (15. August) oder der Ablaßsamstag vor Portiuncula (Anfang August).*

tig und schonend ausgekämmt, sondern oft unsachgemäß ausgerissen.

## Beernocken

Für die Beernocken braucht man Heidelbeeren (später im Jahr Preiselbeeren), frischgemahlenes Mehl, etwas Salz, Zucker und Wasser. Die Beeren werden mit den Zutaten zu einem nicht zu festen Teig verrührt,

*In guten Beerenjahren werden die tiefblauen Früchte mit dem Riffel geerntet.*

*Bei üppiger Heidelbeerernte läßt sich auch der „Ruckkorb" füllen.*

aus dem man gleichmäßige Nocken formen kann. Die werden dann in heißer Butter von allen Seiten goldgelb gebacken und mit Zucker überstäubt. Bei uns gab es oft auch Zuckerwasser dazu.

Heute nehmen wir meist Milch zum Teig und reichern ihn auch noch mit 2 Eiern an.

## Beermandl

Für diese Grütze, die beinahe eine Götterspeise ist, brauchen wir soviel Heidelbeeren wie Wasser. Beides wird zusammen mit etwas Zucker (nach Geschmack) so lange gekocht, bis die Beeren aufplatzen. In einer Tasse mischen wir etwas Mehl mit Wasser und gießen die Mischung zu den Beeren. Sie müssen nochmals einige Minuten kochen und werden dann zu Schmalznudeln, Mäh- oder Rohrnudeln gegessen. Im Sommer kann man die Grütze auf Vorrat kochen und im kühlen Keller oder im Kühlschrank in einem Steingutgefäß aufheben.

## Beerwein

4 l frische Heidelbeeren kommen mit 4 l Wasser in einen Topf, dazu 1 kg Zucker, die Schale einer halben Zitrone, Zimt und Nelken. Das Ganze wird unter Rühren aufgekocht, bevor 1/2 l Weinessig dazugegossen wird. Vier Tage muß der Ansatz stehen, bevor er durch ein Tuch gegossen und in Flaschen abgefüllt wird. Aus den abgeseihten Beeren machen sparsame Hausfrauen noch ein Moosbeermandl.

## *Preiselbeeren (auch Granggln oder Granten)*

Die bis 30 Zentimeter hochwachsenden Preiselbeersträucher sind Gewächse der Moore und Heiden und mit den Heidelbeeren verwandt, also ebenfalls Heidekrautgewächse. Sie brauchen sonnige Plätze und sind auch in Hochlagen noch anzutreffen. Die glänzenden, ledrigen Blätter bleiben im Winter an den Zweigen. Die zierlichen rosa und weißen Blüten erscheinen erst im Juni/Juli. Die Ernte der reifen, roten Beeren kann erst im Spätsommer und Herbst erfolgen. Am besten schmecken sie, wenn sie schon von den ersten Frösten gestreift wurden. Auf keinen Fall ernten wir unreife Beeren, weil ihnen Aroma und wertvolle Inhaltsstoffe fehlen; sie schaden mehr als sie nutzen und schmecken auch nicht. Reife Früchte enthalten dagegen Vitamin B und C, Karotin sowie Kalium, Natrium, Magnesium und Eisen in ausgewogenem Verhältnis. Ihre Frucht- und Folsäuren, Gerbstoffe und Pektine machen sie zu einem Heilmittel bei Verdauungs- und Stoffwechselstörungen, sie wirken antibiotisch und cholesterinsenkend. Man ißt sie zu vielen üppigen Festtagsgerichten, weil sie das Fett neutralisieren.

Das Unwohlsein, das meist im Gefolge der Weihnachtsgans oder des Festtagsbratens, bei uns der fetten Weihnachtsnudeln, auftritt, bekämpft man am besten mit einer Portion Preiselbeeren. Sie kurieren den sogenannten „Weihnachtsdiesel", mit dem man sonst für die Sünden des allzu reichlichen Festessens büßen muß. Hat ein Kind Fieber oder ist eine Erkältung oder

**Getrocknete Heidelbeeren**

*Früher wurden die Heidelbeeren auf einem Brett, der sogenannten Beerdarre, ausgelesen (Blätter und Schmutz entfernt). Am Brotbacktag kamen sie nach den Broten in den Ofen, wurden dort angetrocknet (angedarrt) und bei Schönwetter zum Weitertrocknen aufs Backofendach gestellt. Die trockenen Beeren kamen in große Gläser und dienten als Vorrat bei vielerlei Anlässen. Heute trocknen wir die Beeren auf Backblechen an der Sonne, anschließend im Dörrapparat oder im halboffenen Backrohr.*

*Die getrockneten Beeren werden eingeweicht und kommen statt Rosinen in den Strudelteig, in Kuchen oder werden zu den Rauhnächten für Beermandel gebraucht, das es zu den Weihnachtsnudeln gibt. Sie sind ein Heilmittel bei Verdauungsproblemen (Durchfall und Verstopfung). Früher bekamen Kinder als Belohnung keine Süßigkeiten, sondern trockene Beeren. Das lange Kauen auf den Trockenfrüchten brachte uns dazu, langsam zu essen. Wir spürten intensiv den Beerengeschmack und die Fülle der reifen Beeren.*

**„Beerringg"**

*Diese traditionelle Art der Konservierung ist fast in Vergessenheit geraten. Die Heidelbeeren wurden mit ganz wenig Wasser, etwas Zucker und Zimt zu einem dicken Mus gekocht. Dann strich man sie auf die -Beerdarr, das Brett zum Beerenverlesen und -trocknen, und schob sie nach dem Brotbacken in den großen Backofen. Das getrocknete Mus wurde an einem luftigen Platz im Schrank oder der Getreidetruhe aufbewahrt. Es war eine begehrte Näscherei, wenn Besuch kam oder die Kinder sich eine Belohnung verdient hatten. Auch nahm man sie als Geschenk dem Pfarrer, dem Lehrer oder dem Doktor mit, um sich bei den besseren Leuten „abzuschmiern", wie man sagte.*

## *Granggl-Ausflüge*

Es gab im Oktober aber auch regelrechte Preiselbeerausflüge in Bereiche oberhalb der Waldgrenze, wo an sonnigen Plätzen auf steilem Gelände und in moosigen Mulden die kleinen Sträucher mit den ledrigen Blättern bestens gedeihen. Bei schönem Wetter war und ist ein solcher Grangglتag ein wahres Geschenk. Ringsum Einsamkeit, hoch oben kreisen die Bussarde, dumpf gurren die Wildtauben im Wald unter uns, die Eichelhäher stoßen Warnrufe aus; vielleicht hören wir sogar die Brunftschreie eines Hirsches. Und um das Glück vollkommen zu machen, findet sich dann ein unberührtes Preiselbeer-Fleckerl, wo wir unsere Leinenbeutel füllen können. Schön, fast unheimlich schön ist ein solcher Granggl-Tag!

*Am besten schmecken Preiselbeeren, wenn schon der erste Frost über sie hinweggegangen ist und sie zur Reife gebracht hat.*

Grippe im Anzug, wirkt oft ein Glas Grangglwasser (1 Teelöffel Preiselbeerkompott in warmes Wasser eingerührt) Wunder. Früher war dieses Getränk in entlegenen Gehöften oft das wichtigste Hausmittel.

Im Gebirge kommt die richtige Preiselbeerzeit erst nach dem Roggenanbau im Herbst, gleichzeitig mit den letzten Grummetschnitten. Nach dem Almabtrieb wurde früher als Einstreu in den Ställen Farnkraut gemäht, zusammengerecht und auf dem Kopf heimgetragen. Während der Bauer eine Ladung Farnkraut wegtrug, nutzten die anderen die kurze Zwischenzeit zum Grangglsammeln.

## *Holunder*

„Vor dem Holunder muß man den Hut ziehen", lautet ein alter Spruch, und diesen Rat sollten wir ernst nehmen. Der 3-10 Meter hochwachsende Schwarze Holunder (aus der Familie der Geißblattgewächse) mit den unpaarig gefiederten Blättern und den starkriechenden, gelbweißen, schirmförmigen Blütenständen gedeiht überall, wo er genügend Nährstoffe findet: am Waldrand, an Feldwegen, Straßen und Hecken, in Gebüschen und auf Waldlichtungen. Er wächst auch an Feldscheunen, Holzschupfen, verfallenen Hütten, in der Nähe des Misthaufens. Inzwischen gibt es außerdem gute Kultursorten, so daß man sich den Blüten- und Beerensegen sogar in den Garten holen kann.

Warum wir dem Hollerstrauch Ehrerbietung entgegenbringen sollen? – Seine Blätter, Blüten und reifen Früchte werden als Lebens- und Heilmittel verwendet, auch die Rinde und die Wurzeln (im Spätherbst oder zeitigen Frühjahr ausgegraben) haben Heilkraft. Tee aus Hollerblüten schmeckt nicht nur gut, er kann auch Fieber senken, Katarrhe und Husten lindern und sogar bei Nervosität hilfreich sein. Die vitaminreichen Beeren, die organische Farbstoffe und Aminosäuren enthalten, wirken blutreinigend und verdauungsfördernd. Sie bewähren sich zudem bei Schlaflosigkeit, Migräne und Kopfschmerzen.

Wir sammeln die Blütenstände, wenn sie voll erblüht sind, hängen sie umgekehrt an einem schattigen Platz über einem Tuch auf, damit die Einzelblüten hineinfallen und endgültig getrocknet werden können.

Aus frischen Blüten bereiten wir Hollerpunsch und Hollersekt, die reifen Früchte werden zu Marmelade, Kompott, Saft und Hollermandl (siehe Beermandl, Seite 17).

Holunderbeeren müssen stets gekocht werden. Unreife Beeren sind schädlich, verursachen Durchfall

*Mit Blüten und Beeren beschenkt uns der Holler.*

und Brechreiz, denn „Kleine Sünden straft der Herrgott sofort!"

## Tee aus Hollerblüten

3 gehäufte Teelöffel getrocknete Blüten werden mit 1/2 l kochendem Wasser übergossen, dann muß der Tee 10 Minuten ziehen. Wir genießen ihn vorbeugend und kurmäßig zwei Wochen lang im abnehmenden Mond.

## Holunderessig

Wir geben einige Blütendolden in ein großes Glas und gießen guten Weinessig darüber. 3 Wochen lang bleibt er an der Sonne stehen und wird dann durchgeseiht und in Flaschen abgefüllt.

## Holunderlikör

*150 g reife Holunderbeeren* werden abgerebelt.

Außerdem brauchen wir:

*3/4 l Wasser, Saft von 1 Zitrone, 700 g Zucker, 2 Päckchen Vanillezucker, 1 l Rum (40%).*

Die Beeren werden in dem Wasser mit Zitronensaft, Zucker und Vanillezucker 10 Minuten lang gekocht. Wenn der Sud abgekühlt ist, kommt der Rum dazu. Der Ansatz muß 4 Wochen stehenbleiben, bevor wir ihn abseihen und der fertige Likör abgefüllt werden kann.

## *Vogelbeeren*

Die Eberesche erkennt man an ihren eschenähnlichen, wechselständigen Blättern (daher der Name) und den leuchtendroten Früchten. Sie wagt sich als einziger Laubbaum bis an die Baumgrenze hinauf. Seit alter Zeit gilt sie als Baum des Lebens und der Fruchtbarkeit, doch wird sie mancherorts eigenartigerweise auch als Unglücksbringer gefürchtet. Die Früchte, die viel Vitamin C enthalten, werden traditionell zu Schnaps verarbeitet, man bereitet aber auch Marmelade daraus (meist gemischt mit Äpfeln und Birnen).

Wir nehmen beim Preiselbeersammeln im Herbst gern ein paar reife Vogelbeeren mit. Die werden zerquetscht und kommen in ein Glas, das dann mit gutem Zwetschgenbrand (aus entkernten Zwetschgen) aufgefüllt wird. Das Glas bleibt einige Wochen an der Sonne stehen, bevor der Auszug abgefüllt wird. Wir trinken diesen Gesundheitsschnaps nur zu besonderen Anlässen oder schenken ihn als Rarität Freunden, denen wir ein langes Leben wünschen.

*Leider gibt es heute auch allzu geschäftstüchtige Zeitgenossen, die glauben, man könnte auch aus billigem Fusel etwas Wertvolles und Heilkräftiges mischen, wenn man ihn mit „echten" Wildbeeren und Wildkräutern ansetzt. Doch aus schlechten Mixturen wird nichts Edles, auch nicht mit schönen Etiketten. Solche Praktiken bringen auch alle bäuerlichen Produkte, die in Verantwortung und mit viel Mühe erzeugt werden, in Verruf.*

**Von Hollen und guten Geistern**

*Den Hollen oder Holden (Waldgeistern) verdankt der Holunder seinen Namen. Sie sitzen im Geäst des Strauchs, während die bösen Geister in den Wurzelwerk verbannt sind. Der Holunder galt einst als heiliger Baum, in den der Blitz nicht einschlägt, weil Maria mit dem Kind auf der Flucht nach Ägypten unter einer Hollerstaude Rast gemacht hat. Früher wurden die Türriegel an der Stalltür aus Holunderholz gefertigt, damit die bösen Geister ausgesperrt blieben. Nach altem Volksglauben kann man dem Strauch auch Krankheiten anhängen, die man loswerden will. Gegen Gicht und Fieber sollte der Holunder besonders wirksam sein. Bei abnehmendem Mond und Mondschein ging man zum Hollerstrauch, wickelte einen Bindfaden herum und sagte mehrmals: „Guten Morgen Holunder, ich bring dir mein Fieber, ich bind dich an und nun geh in Gottes Namen davon!“*

*Wacholderbeeren für Würze und Gesundheit.*

## Hagebutten

Die roten Früchte der Hundsrosen kann man bei herbstlichen Spaziergängen sammeln, aufbrechen und für Hagebuttentee trocknen. Wenn die Hagebutten mit etwas Zucker gekocht werden, ergeben sie einen nahrhaften Brotaufstrich mit viel Vitamin C. Auf dem Schulweg haben wir im Herbst oft heimlich Hagebutten gesammelt, sie dann in langweiligen Unterrichtsstunden aufgebrochen und dem Banknachbarn am Nacken hinters Hemd geschoben. Das juckt und verurteilt den Betroffenen zu Unruhe – endlich war wieder was los.

## Wacholderbeeren

Im Spätherbst oder Frühwinter sammeln wir ein paar Handvoll der bei uns Kranewitten genannten Beeren (eigentlich handelt es sich bei den Früchten um Scheinbeeren). Sie sind im ersten Jahr grün und hart und werden erst im zweiten Jahr schwarzviolett und blaubereift. Wir brauchen sie zum Sauerkraut, aber auch für Wildgerichte.

# PILZE, GEHEIMNISVOLLE GABE DES WALDES

Die guten Geister der Bäume
Schwammerl in der Küche
Pilze für die Vorratskammer
Schwammerl-Erinnerungen
Schwammheilige und Ernteorakel
Vom Umgang
mit den Waldgeistern

# *Pilze, geheimnisvolle Gabe des Waldes*

Warum wohl so viele Menschen jeden Sommer und Herbst die Wälder durchwandern und dabei die Blicke suchend auf den Waldboden richten? Es kann nicht nur die Lust auf ein herzhaftes Schwammerlessen sein und auch nicht der Wunsch, ziellos im Wald umherzustreifen und ganz nebenbei ein paar Pilze zu finden. Schon längst hat die Pilzsuche auch nichts mehr mit der lebensnotwendigen Beschaffung von Nahrung zu tun. Mit oder ohne Pilze muß bei uns heute niemand Hunger leiden.

Der Reiz des Schwammerlsuchens hat – das beweisen unzählige Legenden, die sich um diese fast mysteriösen Waldbewohner ranken – sicher tiefere Ursachen. Pilze galten zu allen Zeiten als Symbol der Fruchtbarkeit. Sie erscheinen ganz unvermittelt, treten meist in größeren Gruppen auf und wachsen geschwinder als andere Wesen, Pflanze oder Tier, um dann ebenso schnell wieder zu vergehen. Wer aber einen guten Schwammerlgrund kennt, der behält sein Wissen meist für sich.

Tief eingewurzelt war seit jeher der Volksglaube, daß es die Vegetationsgeister sind, die das Schwammerlwachstum fördern. Man erzählte sich abends auf der Ofenbank Geschichten von Schwamm-Zwergerln und Schwamm-Manderln. Und wenn man sich mit den Holzgeistern (Holzfräulein) gut stellte (sich also im Wald brav und bescheiden aufführte), so brachten sie einen zu den besten Schwammerl-Plätzen.

*Bei uns im Gebirge, wie überhaupt im bäuerlichen Umfeld, haben sich nur wenige Leute aufs Schwammerlsuchen verlegt. Für das manchmal ziellose Herumsuchen in den Wäldern, bei dem der Erfolg keineswegs sicher ist, hatten die Bauern keinen Sinn und natürlich auch keine Zeit. Aus dem Grund war es auch mit ihrem Pilzwissen nicht weit her. Doch das hat sich inzwischen geändert.*
*In anderen Regionen aber, wo früher auch nur selten Fleisch auf den Tisch kam, dienten Pilze als Fleischersatz; die Familien von Bergleuten und armen Handwerkern, später von Fabrikarbeitern, waren oft auf dieses hochgeschätzte Nahrungsmittel angewiesen. Und man bereitete die Schwammerl dort genauso zu, als ob sie aus Fleisch wären.*

## *Die guten Geister der Bäume*

Pilze haben aber nicht nur in der Welt der Elfen, Druiden, Waldgeister wie in der Phantasie der Menschen ihren Platz, ihnen kommt auch beim Wachsen und Werden des Waldes eine wichtige Rolle zu. Sie leben nämlich in enger Gemeinschaft mit den Bäumen. Viele Pilze brauchen bestimmte Bäume, um sich zu entwickeln und wachsen zu können; manche Bäume aber sind in ihrer Existenz auf die unmittelbare Nachbarschaft von Pilzen angewiesen. Deshalb geht der wirkliche Pilz- und Waldfreund mit diesen sonderbaren Früchten der Natur auch behutsam um, macht um Schwammerl, die nicht gesammelt werden, weil sie noch zu klein, schon zu alt, ungenießbar oder giftig sind, einen Bogen, damit sie in ihrem Wachstum nicht gestört werden. So können sie auch weiterhin ihre wichtige ökologische Aufgabe in der Natur erfüllen.

Man nimmt auch nur soviele Pilze mit, wie man für ein Pilzgericht oder für einen kleinen Wintervorrat brauchen kann. Einer guten Gabe des Waldes bedient man sich nicht im Übermaß!

Man stolpert nicht in jedes Gebüsch, bringt nicht unnötig Unruhe in den Wald. Allzu leicht wird durch unersättliche Pilzsammler das feine Geflecht, das Myzel, zerstört, das die Pilze unter der Erdoberfläche im Waldboden weben.

## *Schwammerl in der Küche*

Daheim angekommen, breitet man den Inhalt des Pilzkorbes vorsichtig auf einem großen Tisch aus und sieht sich bei gutem Licht jedes einzelne Exemplar noch einmal ganz genau an. Wer seine Pilze schon im Wald gesäubert hat, dem bleibt beim Putzen nicht mehr viel zu tun übrig. Die meisten Pilze brauchen weder geschält noch abgeschabt zu werden. Man entfernt nur klebrige und schleimige Huthäute (z.B. bei

*Wenn im Spätsommer der Waldboden feucht und warm ist, zieht es die Schwammerlsucher unwiderstehlich hinaus.*

> *Zur Ausrüstung beim Schwammerlsuchen gehört unbedingt ein scharfes Messer, mit dem man die Pilze knapp über dem Boden abschneidet und den groben Schmutz abkratzt sowie Schneckenfraß ausschneidet. Am besten nimmt man auch eine Papiertüte oder einen Korb mit, in dem der Pilzfund heil und luftig transportiert werden kann. In einem Plastikbeutel beginnt nämlich, sobald man den Pilz hineingleiten läßt, sofort ein Zersetzungs- und Fäulnisprozeß.*

Butterpilzen und Goldröhrlingen) und schabt rauhe, schuppige Stiele (etwa von Rotkappen und Birkenpilzen) ab oder schneidet bei manchen Pilzen (z.B. bei Rotfußröhrlingen und Ziegenlippen) die zähen Stiele ganz weg. Jeder einzelne Pilz muß auf Madengänge untersucht werden. Bei älteren Röhrlingen (Steinpilz, Birkenpilz, Rotfußröhrling u.a.) werden auch die Röhren unter dem Hut entfernt.

Mit allzuviel Wasser sollte man den Schwammerln nicht kommen, weil sie sonst einen Teil ihres Aromas einbüßen. Feste Steinpilze zum Beispiel braucht man nur mit einem sauberen Tuch abzuwischen. Andere Arten aber müssen gründlich gewaschen werden (z.B. Pfifferlinge – auch Reherl oder Eierschwammerl genannt -, bei denen man sonst leicht auf Sand beißt). Danach läßt man sie auf einem Tuch abtropfen, bevor sie halbiert, geviertelt oder in Scheiben geschnitten werden. Für manche Rezepte verwendet man auch die ganzen Pilzhüte. Pilze, die man für den Wintervorrat trocknen will, werden überhaupt nicht gewaschen, sondern nur sauber geputzt und trocken abgewischt.

## *Pilze für die Vorratskammer*

**SCHWAMMERLN TROCKNEN.** Die einfachste Möglichkeit, Pilze für längere Zeit haltbar zu machen, ist, sie zu trocknen, ihnen also das Wasser zu entziehen. Bei manchen Arten (z.B. bei Steinpilzen, Pfifferlingen, Herbsttrompeten) wird dadurch das feine Aroma noch verstärkt, sie sind getrocknet würziger als frisch.

Vor dem Trocknen müssen die Schwammerl geputzt, in Scheiben (kleinere Pilze in Viertel oder Hälften) aufgeschnitten und dabei genau auf Wurmlöcher kontrolliert werden, sonst hat man nachher Maden im Glas.

Man legt sie dann auf große Bogen Papier, auf ein Tablett oder auf das Backblech und stellt sie an einen gut belüfteten Platz, am besten ins Freie. Sie werden mit einer dünnen Gardine oder einem Stück Tüll abgedeckt, damit sich keine Fliegen und andere Insekten darauf niederlassen können.

Vielfach hört man den Rat, Pilze beim Trocknen nicht der Sonne auszusetzen. Da ihnen die Feuchtigkeit aber möglichst schnell entzogen werden soll, weil sie sonst schimmeln, empfiehlt sich in unseren Breiten doch ein Platz an der Sonne.

Man kann die Pilzstücke oder -scheiben, statt sie auszubreiten, auch locker auf eine Schnur fädeln und zum Trocknen aufhängen.

Im Herbst und Spätherbst, wenn die Sonne nur noch wenig Kraft hat und die Luft immer feuchter wird, müssen die Pilze im Haus getrocknet werden, am besten in der Nähe des Ofens, notfalls bei ganz schwacher Hitze sogar für kurze Zeit im Backofen (bei ein wenig geöffneter Backofentür).

Wenn alle Pilzscheiben knisternd trocken sind, kommen sie in ein Schraubdeckelglas oder in eine Dose und werden fest verschlossen. Im Laufe der nächsten Wochen sollte man öfter nach ihnen schauen. Wenn die Schwammerl nicht mehr knistern, sondern sich ledrig anfühlen, müssen sie nachgetrocknet werden.

Man kann die gut getrockneten Pilze auch im Mörser zu Pilzpulver zerstoßen, das eine besonders feine Würze für Suppen, Gemüse- und Fleischgerichte ist.

**HALTBARMACHEN DURCH MILCHSÄUREGÄRUNG.** Eine andere uralte Konservierungsart ist auch das schichtweise Einlegen der geputzten und gewaschenen Pilze in einen Steintopf (Silieren). Auf jede Schicht Pilze folgt reichlich Salz und etwas Zucker, um die Gärung zu beschleunigen. Als Würze eignen sich Kümmel, Lorbeerblätter, Rosmarin oder Thymian. Auf die letzte Pilzschicht gießt man etwas saure Milch und

*So groß kann die Ausbeute sein, wenn wir Glück und das richtige Schwammerlwetter haben.*

## *Schwammerl-Erinnerungen*

Als Kinder waren wir den ganzen Sommer lang in der Natur unterwegs, kümmerten uns um das Vieh, gingen wieder und wieder dieselben Wege von und zu den Weideplätzen, machten überall aufregende Beobachtungen. Wir erlebten überraschend aufziehende Gewitter, zauberhaftes Mondlicht über den Tannenwipfeln, unheimliche Geisterstimmung. Oft strolchten wir im Wald herum, krochen ins Gebüsch und Unterholz. Natürlich entdeckten wir Schwammerlplätze, die wir bald regelmäßig inspizierten. Wir wußten ja von den älteren Kindern, daß mit Schwammerln ein kleines Taschengeld zu verdienen war. Unsere Fundstellen sind oft über Jahre dieselben geblieben, nur selten fiel der eine oder andere der Waldbewirtschaftung zum Opfer. Wenn wir Geschwister auf Pilzsuche waren, vereinbarten wir feierlich und mit Handschlag (wie beim Roß- und Kuhhandel), daß die Beute gerecht geteilt werden sollte, ob einer nun viel oder weniger gefunden hatte. Nicht selten füllten wir einen ganzen Korb mit Pilzen, die wir meist an den Wirt verkauften. Viel haben wir seinerzeit nicht erlöst, Schwammerl waren damals noch kein so begehrter Fund wie heute im Zeitalter des Fremdenverkehrs. Die älteren Geschwister versuchten gelegentlich, uns abzuschrecken, weil sie sich das eigene kleine Geschäft mit den Schwammerln nicht von uns Kleinen verderben lassen wollten. „In der Wetterfichte beim Blaikengraben wohnt der Klaubauf", drohten sie, um uns von der einmähdige Magerwiese mit ihren Schwammerlgründen am Waldrand abzudrängen. „Der Klaubauf will nicht, daß Ihr dort etwas aufklaubt, am Ende klaubt er Euch auf und nimmt Euch mit." In der großen Buche auf dem Weg zum Ried neben dem Zaun am Blaikenegg sollten ebenfalls Geister hausen, die zwar dem Wanderer Schutz vor Blitzschlag boten, aber keine Schwammerlsucher duldeten. Auch die Vorstellung von all den anderen Geistern jagten uns Schauer über den Rücken; da war zum Beispiel der Geist vom Stecklbrand oder der Moosgeist vom Geißmoos oder der Lahngeist von der Brigg. Trotzdem konnten wir das Schwammerlsuchen nicht lassen, am Ende siegte meist der Sammeltrieb über die Geisterfurcht.

*Um den farbenprächtigen, aber giftigen Fliegenpilz machen wir lieber einen Bogen.*

deckt mit einem sauberen Tuch ab. Wie beim Sauerkraut werden die Pilze mit einem umgekehrten Teller oder einem passenden Brett und einem Stein oder einem großen Gewicht beschwert. Wichtig ist, daß die austretende Flüssigkeit die Pilze immer bedeckt. Die Gärung erfolgt bei Zimmertemperatur. Danach stellt man den Topf in den Keller oder einen kühlen Vorratsraum. Am besten eignen sich Edelreizker, aber auch andere festfleischige Pilze wie Champignons oder Habichtspilze für diese Methode. Für Röhrenpilze (Steinpilze, Birkenpilze usw.) kommt sie nicht in Frage. Bevor man silierte Pilze verwendet, wässert man sie über Nacht oder blanchiert sie einige Minuten.

**Pilze in Salz.** Die Schwammerl werden geputzt, gewaschen, abgetrocknet und in Scheiben geschnitten. Für 500 g Pilze braucht man 50 g Salz. Man gibt eine Lage Pilze in ein Glas und bestreut sie dick mit Salz, bevor man die nächste Lage darüberschichtet. Ganz oben soll eine Schicht Salz sein. Am besten eignen sich Steinpilze, die selten gewordenen Milchbrätlinge und die Edelreizker für diese Methode.

Vor der Verwendung werden die Pilze gründlich abgewaschen und dann wie Frischpilze zubereitet. Aber

*Festfleischige Pilze können in Essig eingelegt werden.*

**Von Schwammheiligen und Ernteorakeln**

*Schutzpatrone der Schwammerl und Schwammerljäger sind die beiden Heiligen Petrus (29.Juni) und Veit (15. Juni). In der Steiermark machten die Frauen am Peterstag eine Wallfahrt nach St. Peter bei Graz und beteten um Schwammerlsegen. St. Veit aber soll nach der Legende in der Nacht des 15. Juni auf einem blinden Schimmel durch den Wald reiten und „Schwammsamen" ausstreuen. In Oberbayern lautet ein Kalenderspruch:*

*„St. Veit baut die Recherl (Pfifferlinge)*
*und Schwammerl an."*

*Wenn es an Peter und Paul viel regnet, wird es in dem Jahr noch „Schwämme regnen", lautet eine alte Wetterregel. – Wenn es aber viele Pilze gibt, „wird das Jahr ungeraten und es kommt eine Teuerung". – Ein Sprichwort orakelt sogar: „Viel Schwamma – viel Jamma". – Falls die Pilze besonders fest sind, steht ein strenger Winter ins Haus.*

*Einen Steinpilz-Platz verrät der Schwammerl-Jäger nicht einmal seinem besten Freund.*

Vorsicht beim Abschmecken des Gerichts! Wahrscheinlich braucht es nicht mehr gesalzen zu werden.

PILZE IN ESSIG. Die geputzten und gewaschenen Pilze werden je nach Größe ganz gelassen, halbiert oder geviertelt und in einer Mischung aus 2 Teilen Essig und 1 Teil Wasser, Salz, etwas Zucker sowie Pfefferkörnern und Lorbeerblatt (andere Kräuter nach Belieben) einige Minuten lang gekocht. Dann hebt man sie aus dem Sud, gibt sie in ein Glas und gießt den nochmals zum Kochen gebrachten Sud darüber. Die Pilzstücke müssen damit bedeckt sein. Das Glas wird sofort verschraubt und kann einige Monate kühl aufbewahrt werden. Sobald das Glas geöffnet ist, sollen die Pilze möglichst bald gegessen werden.

## Kartoffelsuppe mit Steinpilzen

Für eine vierköpfige Familie braucht man:

*2 schöne, feste Steinpilze, 500 g Kartoffeln, 2 Zwiebeln, 1 Porreestange, 4 Eßl. Öl, 2 Teel. Paprikapulver, Salz, gut 1 l Fleisch- oder Gemüsebrühe, 1 Eßl. Butter , 1/2 Tasse Rahm/Sahne, Schnittlauch.*

*Wenn die Pfifferlinge erst wachsen, erscheinen sie gleich in ganzen Trupps.*

*Für ein Schwammerl-Gulasch im Herbst eignet sich der massenhaft wachsende Hallimasch.*

*Schirmpilze oder Parasole: Pilzliebhaber holen sich ihr Schnitzel aus dem Wald.*

Die Pilze werden geputzt, abgewischt oder kurz gewaschen und in Scheiben geschnitten; die Kartoffeln geschält und gewürfelt, Zwiebeln und Lauch kleingeschnitten. Im heißen Öl brät man zuerst Zwiebeln und Lauch an, dann kommen die Kartoffeln dazu und werden kurz mitgebraten. Man streut Paprika und Salz darüber, rührt einmal um und gießt die Brühe an. Die Suppe soll eine Viertelstunde kochen, bevor sie durch ein Sieb passiert oder püriert wird.

Inzwischen hat man die Pilzscheiben in heißer Butter 5 Minuten gebraten. Sie kommen in die Suppe und sollen noch 5 Minuten darin ziehen. Die Sahne macht die Suppe besonders fein. Bevor man die Suppenschüssel auf den Tisch stellt, streut man viel Schnittlauch auf die Suppe.

Übrigens schmeckt die Suppe auch mit anderen als Steinpilzen gut.

## Gerstensuppe mit Trockenpilzen

Einen kräftigen Geschmack liefern *20 g getrocknete Pfifferlinge*; sie müssen kurz gewaschen und dann in einer Tasse Wasser eine halbe Stunde eingeweicht werden.

Ferner braucht man:

*100 g Rollgerste (Perlgraupen), 1 Bund Wurzelwerk (Karotte, Porree, Sellerie), 50 g Butter oder Schmalz, 1 l Fleisch- oder Gemüsebrühe, 1/2 Teel. Kümmel, Salz, Pfeffer, 1 Eßl. feingemahlenen Weizen oder Gerste, Kerbel.*

Die Rollgerste und das in kleine Stücke geschnittene Wurzelwerk wird in der Hälfte der Butter angeröstet. Dann gießt man die Brühe (wer mag, vom gekochten Surfleisch) an und gibt die eingeweichten Schwammerl dazu. Das Einweichwasser sollte man durch ein sehr feines Sieb oder eine Filtertüte in die Suppe gießen. Mit Kümmel, Salz und Pfeffer würzen und ungefähr 1 Stunde kochen lassen.

Das restliche Fett wird in einer Pfanne erhitzt, das Mehl darin hellbraun angeröstet und in die fertige Suppe gegeben. Sie soll noch 10 Minuten kochen und wird vor dem Anrichten mit feingeschnittenem Kerbel bestreut.

## Speck-Pfifferlinge mit Majoran

In guten Pilzjahren ist es gewiß nicht schwer, die rund *300 g frischen Pfifferlinge* für dieses Gericht zusammenzubringen, die gründlich gewaschen werden müssen, damit kein Schmutz in den gelben Leisten sitzen bleibt.

Außerdem braucht man:

*1 große Zwiebel, 50 g Selchspeck (Räucherspeck), 2 Knoblauchzehen, 3 Eßl. Öl, 1 Bund frischen Majoran (oder 2 Teel. getrockneten), schwarzen Pfeffer, Salz.*

Die Pilze werden in dünne Scheiben geschnitten. Dann läßt man Zwiebel und Knoblauch im Fett hellgelb werden, brät den Speck in kleinen Würfeln mit an, gibt Pilzscheiben und abgezupfte Majoranblättchen oder Trockenmajoran dazu und läßt die Pfifferlinge ungefähr 20 Minuten dünsten. Wenn nötig, etwas Wasser oder Brühe angießen. Zum Schluß wird das Gericht mit Pfeffer und Salz gewürzt.

## Schnitzel aus Parasolen

Schirmpilze oder Parasole sind im Wald kaum zu übersehen. Die ausgebreiteten Hüte werden wie Wiener Schnitzel zubereitet, die zähen Stiele kann man nicht verwenden. Man braucht für 4 Personen, je nach Größe der Pilze, *8-12 Parasolhüte*, die man mit einem feuchten Tuch gut abwischt. Aus den Lamellen werden Schmutzreste entfernt. Waschen ist nicht günstig.

Außerdem braucht man:

*Salz, 100 g Mehl, 2 Eier, 100 g Semmelbrösel, Fett zum Ausbacken.*

Die Hüte werden mit Salz bestreut, das ein paar Minuten einziehen muß. Dann wälzt man sie zuerst im Mehl, danach in den gut verrührten Eiern und zum Schluß in Semmelbröseln. Mit beiden Händen drückt man die Brösel fest an. Im heißen Fett backt man die panierten Hüte goldgelb aus und ißt sie so frisch wie möglich, am besten mit einer kalten Kräuter-Joghurt-Soße.

## Schwammerlsoße aus Hallimasch

Wenn im Herbst an alten Baumstümpfen die Hallimasch wachsen, dann erscheinen sie gleich in Massen, und man hat keine Mühe mit der „Ernte“. Für 4 Personen braucht man ungefähr *500 g Hallimaschhüte* (die zähen Stiele werden nicht verwendet).

Außerdem benötigt man:

*2 Zwiebeln, 1 Knoblauchzehe, 4 Eßl. Pflanzenöl oder 1 Eßl. Butter, Pfeffer, Salz, 1 Eßl. Mehl, 2 Tassen Fleisch- oder Gemüsebrühe, 1 Becher Sauerrahm (saure Sahne), Petersilie.*

Die Pilzhüte werden geputzt, gewaschen und müssen dann gut abtropfen. Die Hüte halbiert man am besten. Feingehackte Zwiebeln und Knoblauch werden in heißem Fett hellgelb angebraten. Dann gibt man die Pilze dazu und gart sie in 20-25 Minuten. Erst danach werden sie gesalzen und gepfeffert. Man streut das Mehl über die Schwammerl, rührt es hinein und läßt es etwas mitbräunen. Nach und nach wird die Brühe angegossen, eventuell auch noch etwas Wasser. Man läßt das Gericht einige Minuten kochen, bevor man den Sauerrahm untermischt und gehackte Petersilie darüberstreut. Semmelknödel schmecken am besten dazu.

## Pilzstrudel

Statt Apfel- oder Topfenstrudel kann man zur Schwammerlzeit auch Strudel mit würziger Pilzfüllung machen. Gebraucht werden ungefähr *500-600 g gemischte Pilze, z.B. Steinpilze, Maronen, Butterpilze, Pfifferlinge* (es geht aber auch mit nur einer Sorte). Außerdem sind folgende Zutaten nötig:

*1 Zwiebel, 30 g Schmalz, Pfeffer, Salz, 1 Becher Sauerrahm (saure Sahne), 1 Eßl. Grieß und Fett für das Backblech. Für den Teig braucht man: 300 g griffiges Mehl (Strudelmehl), 8 Eßl. warmes Wasser, 5 Eßl. Öl, 1/2 Teel. Salz, Butter zum Bestreichen.*

Das Mehl wird auf ein Backbrett gesiebt, man macht eine Vertiefung in der Mitte und gibt Wasser, Fett und Salz dazu. Alles wird zu einem glatten, fast seidigen Teig verknetet. Man formt eine Kugel daraus und läßt sie zugedeckt 25 Minuten rasten.

Inzwischen putzt man die Pilze, wäscht sie und schneidet sie in dünne Scheiben. Die gehackte Zwiebel muß in heißem Fett glasig werden, bevor die Pilz-

**Vom Umgang mit den Waldgeistern**

- *Wer ungewaschen, mit alten Kleidern und barfuß in den Wald geht, findet besonders viele Schwammerl; wahrscheinlich weil dieser Aufzug die Waldgeister glauben macht, daß man besonders bedürftig ist.*
- *Donnerstag, der Tag des Gottes Donar, ist der allerbeste Wochentag fürs Schwammerlsuchen; um die Zeit der ersten schweren Sommergewitter beginnen ja tatsächlich die Pilze zu sprießen. Je öfter und lauter es donnert, umso mehr Pilze wachsen, glauben die Schwammerljäger.*
- *Mit dem ersten gefundenen Pilz wischt man sich die Augen aus, damit der Blick für die nächsten geschärft wird. Viele glauben auch, daß man den ersten Pilz – als Opfer für die Waldgeister – besser stehenläßt, damit man noch viele andere findet.*
- *Hat man einen guten Pilzplatz gefunden, schlägt man ihn mit einer Haselrute.*

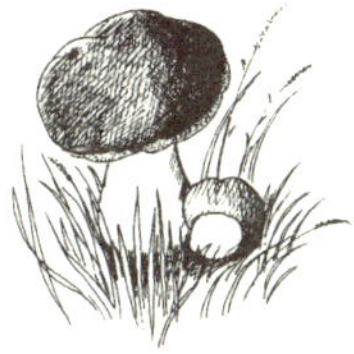

scheiben dazukommen und solange gebraten werden, bis der ausgetretene Pilzsaft ganz verkocht ist. Salzen und pfeffern.

Ein Backblech oder eine Backform wird eingefettet und das Backrohr vorgeheizt. Den Teig zieht eine geschickte Hausfrau auf einem bemehlten Tuch so dünn aus, daß man durchsehen kann. Die Teigenden werden abgeschnitten, Sauerrahm und Grieß verrührt und auf den Teig gestrichen. Dann verteilt man die gebratenen Pilze darauf und rollt mit Hilfe des Tuchs den Teig zu einem Strudel auf, den man gleich auf das Blech oder in die Form gleiten läßt. Er wird noch mit etwas geschmolzener Butter bestrichen und kommt für 20-25 Minuten in den heißen Backofen.

## Knödel mit Speck und Pilzen

Speckknödel sind eine Tiroler Spezialität. Sie lassen sich mit frischen Pilzen, die wir von unseren Schwammerl-Spaziergängen mitbringen, noch anreichern. Wir brauchen etwa *250 g Steinpilze oder Maronen, Pfifferlinge oder Täublinge* dazu, die wir putzen, waschen und trockentupfen. Sie werden in Streifen geschnitten und dann feingehackt.

Außerdem benötigen wir für den Knödelteig noch:
*1 Eßl. Butter, 5 Semmeln, 1 mittelgroße Zwiebel, ca. 100 g Räucherspeck, 1 Bund Petersilie, etwa 2 Tassen Milch, 2 Eier, Salz, Pfeffer.*

Wir erhitzen die Butter in einer Pfanne und braten darin die gehackten Pilze kurz an. Dann werden die Semmeln in Würfel geschnitten, die Zwiebel wird geschält und feingehackt. Den Speck schneiden wir würfelig, die Petersilie wird gewaschen und gehackt.

*Es versteht sich von selbst, daß man nur solche Schwammerl sammelt, die man eindeutig identifizieren kann. In den meisten Regionen ist es Tradition, daß man nicht mehr als vier oder fünf Pilzarten mitnimmt und ißt. Die aber kennt jedes Familienmitglied ganz genau, denn auch die Eltern und Großeltern haben sie schon gesammelt. Wenn man nur vom Hörensagen weiß, daß ein Pilz eßbar ist oder man ihn nur in einem Pilzbuch gesehen hat, sollte man auf den Fund besser verzichten. Wer eine neue Art ausprobieren will, muß einen Pilzkenner zum Sammeln mitnehmen oder nachher um Rat fragen.*

Wir braten den Speck in einer Pfanne aus, geben Zwiebeln und Petersilie dazu und mischen das Ganze unter die Semmelwürfel. Dann wird die Milch angegossen; wir rühren die Eier unter, würzen mit Salz und Pfeffer und arbeiten den Teig gut durch. Zum Schluß kommen die Pilze dazu. Bei Bedarf geben wir noch etwas Weizenmehl in den Teig.

In einem großen Topf wird reichlich Salzwasser zum Kochen gebracht. Wir formen mit nassen Händen große Knödel und legen sie ins siedende Wasser ein. Sie sollen etwa 12 Minuten mehr ziehen als kochen.

Wir machen eine Garprobe, indem wie einen der Knödel aufschneiden.

Die Pilzknödel schmecken gut in einer Rindsuppe, aber auch zu Sauerkraut oder Salat.

# WILDGEMÜSE UND WILDKRÄUTER

Rezepte mit Frühlingskräutern
Den ganzen Sommer im Angebot
Wildkräuter für die Hausapotheke
Kräuter für Teemischungen

# Wildgemüse und Wildkräuter

Wir nennen sie verächtlich „Unkräuter", weil sie nicht in unsere aufgeräumten Gärten passen. Für ihre schönen Blüten, ihr sattes Grün, die interessante Form haben wir kein Auge. Und von all den nahrhaften, vielfach sogar heilsamen Inhaltsstoffen, die viele dieser Pflanzen in sich bergen, haben die meisten von uns gar keine Ahnung.

Ein Salat aus jungen Löwenzahnblättern schmeckt nicht nur fein und frühlingsfrisch, er ist auch noch ausgesprochen gesund. Und wenn wir ihn mit den ebenfalls eßbaren Löwenzahnblüten verzieren, sieht die Salatschüssel einfach unwiderstehlich aus. Auch die Augen können mitessen und sich sattsehen.

Die lästigen Brennesseln am Gartenzaun – das wissen alle Bio-Gartler – sind nicht nur ein wichtiger Grundstoff für Brühen und Jauchen und auch nicht nur Futterpflanzen für Schmetterlingsraupen, sondern zudem ein wertvolles, inhaltsreiches Gemüse. Sie liefern beispielsweise ein viel würzigeres Gründonnerstagsgericht als Spinat aus dem Gewächshaus, wie man ihn im Supermarkt kaufen kann.

Und wer hätte schon erwartet, daß man aus Gänseblümchen nicht nur Blütenkränze flechten, sondern sie auch einlegen und anstelle von Kapern verwenden kann?

Es lohnt sich also, manche der so lange verpönten und einstmals mit Gewalt und Gift aus Gärten und Wiesen verbannten „Unkräuter" genauer unter die Lupe zu nehmen und ihren Wert als Gemüse-, Würz- und Heilpflanzen für sich und die Familie zu nutzen.

*Zu Unrecht als Unkraut verachtet: Nützlich und schön zugleich können Wildpflanzen sein.*

## *Tischlein-deck-Dich fürs Frühjahrsgemüse*

Kaum legt sich im März ein grüner Schimmer über Gärten, Wiesen und Waldrand, erscheinen auch schon die zarten Spitzen der erstes Gemüse und Kräuter des Jahres. Für junge Brennesselblätter, für Löwenzahn, Spitzwegerich, Vogelmiere, Gänseblümchen und Brunnenkresse ist schon bald Ernte angesagt. Wir warten, bis sich die ersten jungen Blätter richtig ausgebildet haben, und nutzen zum Sammeln dieser nach dem langen Winter so willkommenen Vitamin- und Mineralstoffträger am besten einen Blütetag. Die günstigste Tageszeit zur Ernte ist der Vormittag, wenn die Pflanzen bereits abgetrocknet und im Vollbesitz ihres Aromas sind.

Was man aus diesen Frühgemüsen alles zubereiten kann?

Die folgenden Rezepte sind nur Beispiele; sie sollen Appetit machen und die Phantasie anregen für weitere Kreationen, die vielleicht demnächst zu Lieblingsspeisen der ganzen Familie werden.

## Quarkaufstrich mit Brunnenkresse

Wir sammeln an einem klaren Bach, der nicht durch gedüngte Wiesen und Weiden rinnt, *2 Handvoll junge Triebe der Brunnenkresse*, zupfen die Blätter von den Stengeln und waschen sie in heißem Wasser ab. Danach sollen sie auf einem Sieb gut abtropfen.

Außerdem brauchen wir für 4-6 Personen:

*250 g Quark (Topfen), 1/2 Becher Sauerrahm (saure Sahne), 1 feingehackte Zwiebel, 1 gehackte Knoblauchzehe, 2 hartgekochte Eier, Pfeffer, Salz, Schnittlauch.*

Quark und Sauerrahm werden gut verrührt, Zwiebeln und Knoblauch untergemischt. Die Eier feinhacken und, bis auf einen Eßlöffel voll, ebenfalls unterrühren. Die Masse wird dann mit Pfeffer und Salz abgeschmeckt. Kresseblätter und Schnittlauch müssen fein geschnitten werden, bevor man zwei Drittel der Kräuter in den Quark rührt.

Nun schneiden wir für jede Person eine Scheibe möglichst hausgebackenes Brot ab und bestreichen sie dick mit Kressequark. Die restlichen Eistücke und Kräuter werden daraufgestreut.

Brunnenkresse gehört wegen ihrer Vitamine, Bitterstoffe und des ätherischen Öls zu den wichtigsten Kräutern für eine Frühjahrskur.

Man kann diesen Aufstrich natürlich auch mit feingehacktem Bärlauch bestreuen, den man am leichtesten findet, wenn man der Nase nach geht, also dem intensiven Knoblaucharoma folgt. Vom Bärlauch mit seinen heilsamen Inhaltsstoffen kann man die Blätter für alle Gerichte verwenden, zu denen auch Knoblauch paßt, also Salate, Soßen und Eintöpfe damit würzen.

## Brennesselspinat im März

Um diese Jahreszeit ist im Garten noch wenig Grünes zu holen. An einem schönen Vorfrühlingsmorgen aber kann sich die Ernte schon lohnen. Nicht wegen der Kälte braucht man Handschuhe, sondern weil die Brennessel mit den feinen Haaren, die die ganze Pflanze bedecken, ihrem Namen alle Ehre macht.

**Brennessel**

*„Nesselsamenwasser machet weiße Hände, die Hände damit gewaschen und von ihnen selbst trucken lassen werden. Mit Nesseln gewaschen, heilet den bösen Grind. Nesselen auf den Bauch gelegt, erweichet ihn. Nesselen mit Essig und Salz gesotten, darnach gessen, reiniget den Magen."*

*„Etliche andere, wenn sie wöllen eheliche Werk treiben, essen sie den Samen mit Zwiebeln, Eidotter und Pfeffer."*

*Aus einem Kräuter-Handbuch des 16. Jahrhunderts.*

*An klaren Bächen sprießen schon im Vorfrühling die würzigen Blättchen der Brunnenkresse.*

*750-1000 g Brennesseln* müssen es schon sein, wenn 5-6 Esser am Tisch sitzen. Man zupft die Blätter von den Stengeln (am besten mit Gummihandschuhen) und wäscht sie zuerst in warmem, dann in kaltem Wasser.

Ferner werden gebraucht:

*50 g Butter, 1 Knoblauchzehe, 1 Eßl. Vollkornweizenmehl, 1 Tasse Milch, 1/2 Tasse Rahm (Sahne), Salz, etwas abgeriebene Muskatnuß.*

Die gewaschenen Blätter kommen in einen Topf mit wenig kochendem Wasser und werden solange aufgekocht, bis sie zusammenfallen (etwa 2 Minuten). Dann gießt man sie zum Abtropfen auf ein Sieb.

Die Butter wird erhitzt, soll aber nicht bräunen, die geschälte und feingehackte Knoblauchzehe und das Mehl werden eingerührt und leicht angeröstet, bevor man die Einbrenn mit der Milch und der Sahne ablöscht und sie mit Salz und Muskat würzt. Sie soll einige Minuten lang kochen (eventuell noch etwas Milch angießen). Inzwischen müssen die abgetropften

*Brennesseln kann man wirklich essen; sie ergeben gesunde Suppen und Gemüsegerichte.*

Blätter feingehackt werden, dann kommen sie in die cremige Soße. Man läßt das Gemüse unter Rühren noch einmal aufkochen. Es schmeckt am besten mit Salz- oder Bratkartoffeln.

Brennesseln sind mit ihren Vitaminen, Gerb- und Mineralstoffen gerade im Frühling ein ideales Frischgemüse. Die Volksheilkunde setzt sie als Blutreinigungstee, aber auch gegen rheumatische Beschwerden sowie Blasenleiden ein.

## Löwenzahn und Feldsalat mit Speckwürfeln

Man mischt *100 g junge Löwenzahnblätter* und *100 g im Garten überwinterten Feldsalat*, wäscht sie gründlich, zupft den Löwenzahn in größere Stücke und läßt die Blätter auf einem Sieb abtropfen.

Außerdem braucht man für diesen Frühlingssalat: *2 Schalotten oder Frühlingszwiebeln, 3 Eßl. Rotweinessig (am besten Aceto balsamico), 1 Teel. Honig oder Zucker, Salz, Pfeffer, 100 g Räucherspeck (gut durchwachsen), Petersilie.*

Die Schalotten oder Frühlingszwiebeln werden feingehackt und mit Essig, Honig und den Gewürzen verrührt.

Den Speck schneidet man in ganz kleine Würfel, die in einer Pfanne knusprig ausgebraten werden. Die Salatblätter kommen in eine Schüssel und werden mit der Salatsoße sowie dem Speck samt dem ausgelassenen Speckfett gut vermischt. Zum Schluß feingehackte Petersilie über den Salat streuen.

Löwenzahn enthält außer Gerb- und Bitterstoffen auch reichlich Vitamine. Der Tee aus Löwenzahn wird deshalb bei Verdauungsproblemen, Gicht und Rheuma sowie bei Gallenleiden getrunken.

## Gemüsecremesuppe mit Vogelmiere

Der angenehme Geschmack der Vogelmiere paßt gut zu den ersten Gemüsen aus dem Garten. Man braucht *2 Handvoll Vogelmiere*, die gründlich gewaschen und dann feingehackt wird. Einige Stielchen hebt man auf und zupft von ihnen die Blättchen ab.

*Die sonst wenig geschätzte Vogelmiere versorgt uns mit Vitaminen und Mineralstoffen.*

> *Was die Volksheilkunde schon seit Jahrhunderten vom Wegerich weiß: „Wegerich stillet das Blut, stopfet die rote Ruhr, mit Essig gekocht und gegessen oder in einem Clistier oder auch das Pulver davon genossen oder ein Müslein davon gemacht und gegessen".*
> *„Kraft und Tugend: Wegerichblätter trocknen aus und ziehen zusammen. Darum so werden sie gebraucht zu den bösen faulen und fließenden Schäden. Was für Geschwäre seind, die da um sich fressen, Karbunkel und veraltete Schäden, die reiniget der Wegerich und heilet sie."*
> *Aus alten Kräuterbüchern*

Außerdem werden gebraucht:

*2 kleine Kohlrabi, 5 kleine Karotten, 4 Frühkartoffeln, 150 g ausgelöste frische Erbsen, 1/2 Teel. Kümmel, 1 l Gemüsebrühe, 1/8 l Rahm (Sahne).*

Kohlrabi, Karotten und Kartoffeln werden geschält und in Scheiben geschnitten. Zusammen mit den Erbsen und Kümmel kommen alle Gemüse in die heiße Gemüsebrühe und werden 20 Minuten lang gekocht. In den letzten 5 Minuten gibt man die gehackte Vogelmiere dazu. Dann wird die Suppe passiert oder im Mixer püriert und nochmals erhitzt. Zum Schluß gießt man die Sahne an und verrührt sie. Die Suppe wird auf tiefe Teller geschöpft, und man streut die vorbereiteten Vogelmiereblättchen darauf. Dazu gibt es in Butter geröstete Graubrotwürfel.

Vogelmiere besitzt, wie viele andere Wildkräuter, einen wahren Schatz an Vitaminen und Mineralstoffen. In der Volksheilkunde verwendet man es als Blasenmittel und macht bei Ausschlägen und schlecht heilenden Wunden Vogelmiere-Auflagen.

## *Den ganzen Sommer im Angebot*

Manche Wildgemüse und -kräuter kann man den ganzen Sommer lang ernten und sie in den verschiedensten Gerichten verwenden. Als Beispiel kann folgendes Rezept dienen, das man mit vielerlei Gemüse zubereiten kann.

## Hirsetopf mit Giersch

In halbschattigen Gartenecken, aber auch am Waldrand, in Parks und am Rand von Gebüschen findet man diese Pflanze; sie hat unter den Gärtnern und Hobbygärtnern nur wenige Freunde, gilt sie doch seit jeher als kaum zu vertreibende Konkurrenz für Kulturpflanzen. Dabei kann man die jungen Blätter als Salat oder Gemüse essen und sogar Saft daraus pressen, der von der Volksheilkunde in der Vergangenheit als Mittel gegen rheumatische Erkrankungen und Gicht empfohlen wurde.

Vom Giersch also ernten wir *3 Handvoll Blätter*, die gründlich gewaschen und dann ganz fein gehackt werden.

Außerdem brauchen wir für 4 Personen:

*1 Eßl. getrocknete Pfifferlinge, 4 Frühlingszwiebeln, 3 Knoblauchzehen, 250 g Hirse, 2 Eßl. Distel- oder Maiskeimöl, gut 1/2 l Gemüsebrühe, 1 Becher Sauerrahm (saure Sahne), grobgemahlenen schwarzen Pfeffer, Salz.*

*Giersch – auch ein Gemüse, das wir gar nicht erst anbauen müssen.*

Die Trockenpilze werden kurz unter fließendem Wasser gewaschen und dann in 1 Tasse Wasser für 10 Minuten eingeweicht. Frühlingszwiebeln und Knoblauch werden geschält und feingehackt, die Hirse muß auf einem Sieb kalt abgespült und bei Bedarf verlesen werden. Man erhitzt das Öl in einem schweren Topf, die Zwiebeln werden darin leicht angebraten, bevor man Knoblauch und Hirse dazugibt und beides ebenfalls kurz mitröstet. Dann wird die Gemüsebrühe angegossen. Man gibt die eingeweichten Pilze zur Hirse und gießt das Einweichwasser durch ein feines Sieb oder Filterpapier ebenfalls dazu. Die Hirse wird umgerührt und fest zugedeckt. Sie muß bei schwacher Hitze in etwa 25-30 Minuten ausquellen. Sobald sie weich ist, mischt man den gehackten Giersch und den Sauerrahm dazu und würzt mit Pfeffer und Salz.

Der Hirsetopf schmeckt aber auch mit Huflattich- oder Spitzwegerichblättern, und man kann ihn sogar mit den Grundblättern vom Wiesenschaumkraut anreichern, das viele Vitamine, Bitterstoffe und ein Senfölglykosid in sich birgt; man darf allerdings nicht zuviel davon verwenden. Natürlich eignen sich auch Löwenzahn und Brennesseln als „wilde" grüne Zutaten. Der Phantasie und dem Sammeltrieb sind hier fast keine Grenzen gesetzt. Für zusätzliche Würze können auch Bärlauchzwiebeln und Gartenkräuter wie Thymian, Schnittlauch und Borretsch sorgen.

*Die Pfahlwurzel der Wilden Möhre hat eine herbe Würze und zugleich auch Heilkraft.*

## Dinkelpflanzerl mit Wilden Möhren

Die Ahnfrau all unserer Karotten- und Möhrensorten ist die Wilde Möhre, die wir auf Ödland, an heißen Böschungen, aber auch am Wegrand finden können. Man muß nur aufpassen, daß man sie nicht mit anderen weißblühenden Doldenblütlern verwechselt und dann vielleicht die giftige Hundspetersilie oder gar den Gefleckten Schierling erwischt. Wer nicht ganz sicher ist, ob er wirklich die Wilde Möhre vor sich hat, läßt die Pflanzen lieber stehen. Die Blätter der Wilden Möhre sind dreifach gefiedert. Die Dolden sehen fast wie Nester aus, vor allem, wenn sich nach der Blüte die Fruchtstände gebildet haben. Man erntet im Spätsommer und Herbst die verholzten Wurzeln. Wilde Möhren sind besonders würzig und geben Suppen und Soßen einen ganz besonderen Geschmack.

Für die Dinkelpflanzerl brauchen wir *250 g Wurzeln von Wilden Möhren*. Sie müssen sauber abgeschabt und dann ganz fein geraspelt werden.

Als weitere Zutaten kommen dazu:

*250 g grobgeschroteter Dinkel, knapp 1/2 l kaltes Wasser, 1 Zwiebel, 1 Eßl. Pflanzenöl, 2 Eier, Salz, Petersilie, Semmelbrösel, Öl zum Braten.*

Den geschroteten Dinkel gibt man mit dem Wasser in einen Topf und läßt ihn 10-15 Minuten bei schwacher Hitze mehr ziehen als kochen. Die Dinkelmasse muß dann etwas abkühlen.

Die Zwiebel wird geschält, gehackt und in heißem Öl glasig gebraten. Die geschabten Wilden Möhren und die Zwiebeln mischt man zusammen mit den Eiern, Salz und reichlich gehackter Petersilie unter den Dinkelbrei. (Falls er nicht fest genug ist, kann man noch Brösel aus Vollkornsemmeln untermischen). Aus dem Teig werden kleine, möglichst flache Pflanzerl oder Laibchen geformt. Man wälzt sie in Semmelbröseln, die etwas angedrückt werden und brät dann die Pflanzerl im restlichen heißen Öl knusp-

*Wildkräuter werden zwar auch zum Würzen, vor allem aber als heilsame Tees gesammelt.*

rig goldbraun. Dazu paßt eine große Schüssel Salat mit Wildkräutern.

Die Wilde Möhre enthält wie auch die Kulturformen Karotin, das sogenannte Provitamin A, und andere Vitamine sowie Mineralstoffe und ätherisches Öl. Man setzte sie in der Volksheilkunde gegen Wurmerkrankungen und bei Krankheiten ein, die auf einen Mangel an Vitamin A zurückgehen (z.B. Nachtblindheit, Wachstumsstörungen).

## Wildkräuter für Küche und Hausapotheke

Natürlich sammeln wir Pflanzen, die in der Küche als Gemüse und Würzkräuter, aber auch für die verschiedenen Tees Verwendung finden, nur an solchen Plätzen, wo sie weder durch Auspuffgase vergiftet noch mit chemischen Pflanzenschutzmitteln in Berührung gekommen sind. Auch sollten sie keine Düngergaben

## Kräuter für Teemischungen

*Zum Trocknen werden die Kräuter gebündelt und aufgehängt.*

Für unsere aromatischen Haustees sammeln wir den ganzen Sommer über Blüten oder Blätter von Wildpflanzen. Sie werden an einem luftigen Platz getrocknet und einzeln in Schraubdeckelgläsern aufbewahrt. Aus diesem Fundus stellen wir wechselnde Teemischungen mit jeweils drei bis sieben Kräutern zusammen, in denen sich die Aromen ergänzen und möglichst keines dominieren soll. Wir sammeln für den Hausgebrauch Huflattich und Löwenzahn, Frauenmantel und Königskerze, Weidenröschen und Spitzwegerich, Ringelblume, Johanniskraut und Kamille. Aus dem Hausgarten kommen noch Apfelminze, Malven und Zitronenmelisse dazu, von Wanderungen ins Hochgebirge bringen wir uns Silberfrauenmantel und Almrosenblüten mit. Für Gesundheitstees brauchen wir Teekräuter mit reichlich Bitterstoffen wie Schafgarbe, Salbei, Wermuth, aber auch die Blätter von Himbeeren, Brombeeren und Erdbeeren, Lindenblüten, Birken- und Eibischblätter und natürlich auch Brennnesseln. Je nach Bedarf stellen wir passende Mischungen zusammen, zum Beispiel für eine Frühjahrskur, zur Vorbeugung bei einer nahenden Grippeepidemie, gegen Magenbeschwerden usw. Die Teekur gegen bestimmte Beschwerden sollte aber nie länger als drei Wochen dauern. Bei ernsteren Erkrankungen stimmen wir uns natürlich mit dem Hausarzt ab. Wir haben die Erfahrung gemacht, daß uns Tees aus unserem unmittelbaren Umfeld und aus dem eigenen Garten besonders gut schmecken und wohl bekommen.

abbekommen haben. Das heißt, daß wir weder vom Straßenrand noch von bewirtschafteten Wiesen und Wiesenrändern Pflanzen mitnehmen, die zum Verzehr bestimmt sind.

Es versteht sich von selbst, daß wir auch keine geschützten Pflanzen sammeln, selbst dann nicht, wenn daraus heilsame Mittel wie Tees, Tinkturen oder Salben hergestellt werden sollen.

Als Behälter zum Sammeln von Gemüse und Kräutern eignen sich Papiertüten oder Körbe, auf keinen Fall sollte man sie in einen Plastikbeutel stecken.

**Wildkräuter richtig konservieren.** Natürlich schmecken frische Kräuter besonders würzig, schließlich sind sie unmittelbar nach der Ernte noch im Vollbesitz aller ihrer Inhaltsstoffe. Doch wir wollen ihren Duft, ihre Würzkraft und Harmonie ja mitnehmen in den Herbst und Winter.

Würzkräuter werden grundsätzlich vor der Blüte geerntet. Will man sie trocknen und als Wintervorrat aufheben, schneidet man sie am besten an sonnigen Fruchttagen oder an Blütetagen außerhalb der Pflanzzeit.

Würz- und Heilkräuter lassen sich problemlos trocknen. Sie werden verlesen und kommen in dünnen Schichten auf Packpapier oder Tabletts, und man läßt sie an einem luftigen Platz so lange trocknen, bis sie knistern. Damit sich keine Fliegen oder andere Insekten ansetzen, deckt man sie mit einem Stück luftdurchlässigen Vorhangstoff zu. Eine andere Möglichkeit ist, größere Kräuter zu Sträußen zusammenzubinden und sie zum Trocknen aufzuhängen, z.B. unter das Vordach oder am Balkon (bei uns daheim wurden die Teekräuter oben in der Mantellaube des Balkons getrocknet).

Sind die Kräuter so trocken, daß sie knistern, werden sie einzeln oder in den gewünschten Mischungen in Schraubdeckelgläser gefüllt, beschriftet und

> **Wildpflanzen,**
> **die sich als Würzkräuter eignen**
> *Bärlauch, Beifuß, Brunnenkresse, Dost*
> *Knoblauchsrauke. Pimpinelle, Wiesenknopf*
> *Quendel, Feldthymian, Minze*
> *Waldmeister, Wiesenkerbel, Wiesensalbei*
> *Wiesenschaumkraut*

trocken gelagert. Man sollte sie bis zur Kräuterernte im nächsten Jahr verbraucht haben.

Im Frühjahr bekommen meine Bienen aus vielen noch übrigen Kräutern einen speziellen Frühjahrstrunk.

TEE KANN MAN FERMENTIEREN. Vor allem die Blätter von Himbeeren und Brombeeren eignen sich für diese Methode. Man legt die frischgesammelten Blätter auf einem großen Bogen Papier aus und läßt sie über Nacht welken. Dann zupft man sie in kleine Stücke und legt sie in einer Schicht von etwa 2 cm auf einen großen Teller oder ein Tablett. Darüber kommt als Abdeckung ein feuchtes Tuch. Die Blattstücke müssen dann 24 Stunden an einem warmen Platz stehen und sollen dabei braun werden. Erst danach werden sie bei ganz schwacher Hitze (etwa 40°C) im Backofen getrocknet. Die Backofentür muß einen Spaltbreit offenbleiben, damit die Feuchtigkeit entweichen kann.

Der Geschmack von fermentiertem Tee ist besonders kräftig und angenehm.

*Die Kräuterernte eines Sommers kommt getrocknet und in gut verschlossenen Gläsern in die Vorratskammer.*

# GEMÜSE UND BEEREN AUS DEM HAUSGARTEN

Schadstoffe im Gemüse
Frisch schmeckt alles am besten
Gemüse-Rezepte
Kartoffel-Zeichen
Konservieren mit Tradition
Für Energiefluß und Harmonie
Beerenobst im Hausgarten
Brombeer-Geheimnisse

# Gemüse und Beeren aus dem Hausgarten

Unsere tägliche Nahrung soll Kraft für Körper, Geist und Seele spenden. Sie braucht dazu nicht nur eine Vielfalt an Nährstoffen, Vitaminen, Mineral- und Ballaststoffen, sondern soll auch von einem harmonischen Energiefluß belebt sein. Vollwertige Nahrungsmittel wie Gemüse und Kräuter stammen aus einem gesunden Boden, tragen die Lebenskraft der Pflanzen in sich und stecken voller Energie. Wie alle wertvollen Lebensmittel geben sie über ihre innere Schwingung Informationen weiter, die uns helfen, unsere Lebensmitte zu finden und uns wohlzufühlen. Wir brauchen sie nicht nur, um den Hunger zu stillen, sondern sie sind für uns zugleich Lieferanten von Bio-Energie.

Doch nur aus lebendigem Boden, aus der von unzähligen aktiven Lebewesen bevölkerten Humusschicht unserer Erde gewinnen wir die lebenswichtigen Zutaten für eine vollwertige Ernährung. Die Selbstreinigungskraft von gesundem Boden ist unvorstellbar groß; sie setzt sich in den Pflanzen fort, und von ihr profitiert letztlich der Mensch. So enthalten z.B. Kartoffeln, Hülsenfrüchte, Karotten und Obst besonders viel Kalium, das für unseren Zellstoffwechsel so wichtig ist. Der Mineralstoff Kalzium findet sich vor allem in Milch und Milchprodukten, aber auch in vielen Gewürzkräutern und wird zum Aufbau und zur Erhaltung von Knochen und Zähnen benötigt. Zusammen mit Magnesium spielt Kalzium eine bedeutende Rolle für das Nervensystem.

Aus frischem, vor allem rohem Gemüse beziehen wir außerdem die Nahrungsfermente, Eiweißkörper von kompliziertem Aufbau, die die Stoffwechselvorgänge in unserem Körper überhaupt erst möglich machen.

*Selbst im Hochgebirge (Pilsen im Ultental auf 1650 m Höhe) kann keine Familie auf den Hausgarten verzichten.*

*In Bauerngärten gedeihen seit jeher Gemüse, Kräuter und Blumen in schönster Harmonie.*

## *Schadstoffe im Gemüse*

Gemüse – ob es aus dem eigenen Garten, aus biologischem Landbau oder aus dem Supermarkt stammt – kann immer nur ein Teil unserer Nahrung sein. Da es giftfreie Nahrungsmittel praktisch nicht gibt, dürfen wir uns auf keinen Fall einseitig ernähren, sondern sollten um größtmögliche Abwechslung bemüht sein. Nur Vielfalt bietet die Chance zu natürlicher Selbstregulierung.

Selbst in unserem biologisch bewirtschafteten Garten haben wir es mit Schadstoffen zu tun. Sie sind heute allgegenwärtig, in der Luft, im Regen – vor allem natürlich in der Nähe von Industrieanlagen, verkehrsreichen Städten, Autobahnen und Hauptverkehrsadern. Wenn dann auch noch chemische Pflanzenschutz- und Düngemittel in Gärten und Landwirtschaft eingesetzt werden, ist ihr Anteil im geernteten Gemüse und Obst besonders hoch.

Natürlich sind auch die Pflanzen selbst oft Erzeuger von Inhaltsstoffen, die für uns schädlich sein können; denken wir nur an den Stickstoff, den Pflanzen ja zum Leben brauchen. Sie bauen ihn zu wertvollen Eiweißverbindungen um; doch dieser chemische Umwandlungsprozeß funktioniert nur, wenn es genügend Sonnenstunden gibt. Fehlt es an Sonnenenergie, gelingt die Eiweißsynthese nur unvollkommen, und die Pflanze speichert unverarbeitetes Nitrat.

**Zuviel Dünger schadet**

*Auch bei zu starker Düngung werden Pflanzen strapaziert, sie können das Überangebot von Nährstoffen nicht harmonisch umsetzen und einlagern. Ihre Zellen, das Gewebe sind übersättigt und krank. Dem, was wir dann ernten, fehlt es an Geschmack und Lagerfähigkeit.*

*Alternativer Kräuteranbau ist für mutige Bergbauern (hier in der hinteren Wildschönau) eine Herausforderung und mögliche Erwerbsquelle.*

Doch zum Glück gibt es genügend Gemüsearten, die von Natur aus nur relativ gering mit Nitrat belastet sind; zu ihnen gehören u.a. Kartoffeln, Kohlgewächse, Karotten, Erbsen, Bohnen, Tomaten, Zwiebeln, Sellerie. Viel Nitrat ist übrigens in Spinat und Mangold sowie in den äußeren Blättern und den Stengeln von Blattsalaten enthalten. Wir sollten also beim Putzen der Salatköpfe die äußeren Blätter großzügig entfernen und die inneren mehrmals gründlich waschen.

## Frisch schmeckt alles am besten

Wichtig ist, daß wir unser Gemüse frisch verzehren. Dazu ist der eigene Hausgarten ideal, denn bei vielen Pflanzen gehen schon Stunden nach der Ernte wertvolle Inhaltsstoffe verloren. Sicher, nicht jeder hat die Möglichkeit, sich gesundes Gemüse selbst heranzuziehen; doch es gibt inzwischen viele verantwortungsbewußte und vertrauenswürdige Produzenten von Gemüse und Obst im biologischen Land- und Gartenbau, die entweder direkt vom Hof verkaufen oder ihre Produkte auf Bauernmärkten und anderen alternativen Vertriebswegen anbieten.

Das Frischegebot kann natürlich nur in der warmen Jahreszeit gelten, also von Frühjahr bis Spätherbst. Doch auch im Winter sind wir nicht auf die aus fernen Ländern importierten und vielfach auf schädliche Weise frisch gehaltenen Produkte als Vitamin- und Mineralstoffspender angewiesen; wir können ja selbstangebaute oder im biologischen Landbau erzeugte Gemüse auch einwintern. Das gilt für Kartoffeln ebenso wie für Karotten, Sellerie, Rote Bete, Sauerkraut, Zwiebeln.

Wir sollten möglichst viel Gemüse nach gründlichem Waschen roh verzehren oder es schonend garen, zum Beispiel indem wir es dämpfen, mit wenig Flüssigkeit kochen oder nur kurz dünsten. Das Kochwasser kann vielfach noch für Suppen und Soßen ver-

wendet werden. Kartoffeln kochen wir meist in der Schale (nicht mehr nach längerer Lagerung!), damit die wasserlöslichen Vitamine nicht im Kochwasser verschwinden.

## *Schon im Frühjahr ist der Tisch gedeckt*

SPINAT. Als erstes Frühjahrsgemüse ernten wir zarte, junge Spinatblätter. Sie werden sofort verarbeitet, denn bei längerem Liegen verlieren sie stündlich an wertvollen Vitaminen. Zwar wurde der Eisengehalt von Spinat durch einen Berechnungsfehler jahrzehntelang überschätzt, doch es bleibt immer noch ein hoher Mineralstoffgehalt (Kalzium, Magnesium, Phosphor) übrig, zudem ist das Kalzium-Phosphor-Verhältnis im Spinat besonders ausgewogen. Auch Vitamine, vor allem Vitamin C, sind in den Blättern reichlich enthalten. Spinat sollte mehrmals und besonders gründlich gewaschen werden, auch das Kochwasser gießen wir weg; Spinat enthält nämlich sehr viel Nitrat. Das ist zwar unschädlich, kann aber durch zu lange Lagerung wie auch durch bestimmte Bakterien in schädliches Nitrit umgewandelt werden. Spinatgerichte werden deshalb grundsätzlich nicht wieder aufgewärmt.

Sogar Kinder, die meist vom Spinat nicht begeistert sind, mögen dieses auch für die Knochenbildung wichtige Gemüse in Form von

### Spinatnockerln

Wir ernten gut *150 g Spinat* erst kurz vor der Zubereitung, waschen ihn mehrmals gründlich und lassen ihn in wenig Wasser einmal aufkochen, so daß die Blätter zusammenfallen. Der Spinat wird zum Abtropfen auf ein Sieb gegossen und dann passiert oder feingehackt.

Außerdem brauchen wir:

*100 g Butter, 100 g Weizenmehl, 1/2 Tasse Wasser, 1 Ei, Salz, Pfeffer, 1 geschälte und zerdrückte Knoblauchzehe, 2 Eßl. geriebenen Parmesan- oder Bergkäse.*

Wir bereiten einen Brandteig aus 70 g Butter, Mehl und Wasser und lassen ihn etwas abkühlen. Das verquirlte Ei und der Spinat werden unter den Brandteig gerührt, der mit Salz, Pfeffer und Knoblauch gewürzt wird. Aus dem Teig formen wir Nocken, legen Sie in kochendes, schwach gesalzenes Wasser ein und lassen sie 10 Minuten bei ganz schwacher Hitze kochen. Sie werden aus dem Wasser gehoben und warm gehalten. Die restliche Butter erhitzen, aber nicht bräunen, und über die Nockerln gießen. Mit geriebenem Parmesankäse oder Bergkäse bestreuen.

KOHLRABI. Beim Kohlrabi gibt es die Frühjahrs-, Sommer- und Herbstkultur. Frühjahrssorten stehen als eines der ersten Gemüse zur Verfügung und liefern uns außer reichlich Eiweiß auch Kalzium und Phosphor sowie Vitamin C und andere Vitamine. Wegen der leichten Verdaulichkeit eignet sich Kohlrabi auch als Schonkost. Die zarten Innenblätter sind besonders gehaltvoll und sollten deshalb mitverwendet werden. Kinder mögen die saftigen Knollen gern roh, aber auch gekocht schmeckt Kohlrabi ausgezeichnet. Das beweist das folgende Gericht:

### Kohlrabi überbacken

Wir holen *500 g Kohlrabi* aus dem Garten. Er wird geschält, feinblättrig geschnitten und in wenig Wasser einige Minuten lang gedünstet (Kochwasser für Gemüsesuppe aufheben!) und abgegossen.

Außerdem werden benötigt:

**Die Natur läßt sich nicht überlisten**

*Wichtig ist, daß unser Gemüse in aktivem, harmonisch mit Nährstoffen versorgtem Boden heranwächst und unter Einwirkung von viel Sonnenlicht reifen kann. Es hat keinen Sinn, den Ertrag durch übermäßige Düngung künstlich zu steigern, die Pflanzen werden dadurch gleichsam gemästet, in ihrem Wert gemindert und sind zudem weniger haltbar.*
*Wer nur mit Blick auf Ertragssteigerung, mit den rationellsten Arbeitsverfahren, unverhältnismäßig hohem Maschineneinsatz, mit chemischer Schädlingsbekämpfung und am Ende noch mit Fruchtreifungsregulatoren produziert, der kann keine qualitätvollen Lebensmittel erzeugen.*

*Kohlrabi aus eigenem Anbau für den Gemüsetopf; Kinder mögen die Knollen auch roh.*

*350 g Faschiertes (Hackfleisch) vom Rind, 1 Eßl. Öl, 1 Teel. Majoranblättchen, 1 kleine Zwiebel, 1 Knoblauchzehe, Salz, Pfeffer, 50 g Butter, 40 g Dinkelmehl, 3/4 l Milch.*

Das Faschierte wird im heißen Fett zusammen mit Majoran, der geschälten, gehackten Zwiebel, der gehackten Knoblauchzehe angebraten und mit Pfeffer und Salz abgeschmeckt. 40 g Butter erhitzen, das Mehl darin leicht anrösten und mit der Milch aufgießen, die Soße 5 Minuten kochen lassen.

Die Kohlrabischeiben werden in eine mit der restlichen Butter gefettete Auflaufform gegeben, das Faschierte darauf verteilt und zum Schluß die Bechamelsoße darübergegossen. Der Kohlrabiauflauf soll dann im vorgeheizten Backrohr (175°C) 30 Minuten backen.

Nach demselben Rezept bereiten wir übrigens auch Aufläufe aus Karfiol (Blumenkohl) und Lauch (Porree) zu.

*Alles ist hausgemacht, auch Kräuteressig und Kräuteröl, die Zutaten für Sommersalate.*

## *Um die Sommersonnenwende beginnt die große Vielfalt*

Der alltägliche Rundgang durch den Garten, die kürzeren und längeren Aufenthalte für vielerlei Pflegemaßnahmen laden ständig auch zum Ernten ein. Wir essen jetzt täglich junges Gemüse, zu allen Mahlzeiten gibt es frisches Obst und Salat.

Schnell sind für einen knackigen Sommersalat Gurken, Tomaten, Paprikaschoten, Radieserl und kleine Zwiebeln geputzt und geschnitten. Dazu die Blätter von verschiedenen Blattsalaten und eine Marinade aus einem Becher Sauerrahm, etwas Zitrone, Honig, Salz und Pfeffer und vielen feingehackten Kräutern aus der jetzt üppig grünenden Kräuterspirale. Kräuter wie Dill, Borretsch, Bohnenkraut gedeihen aber bei uns auch überall auf den Gemüsebeeten und sogar im Steingarten. Die Salatschüssel sieht je nach dem Angebot des Tages immer etwas anders aus. Für man-

*Gewürz- und Heilkräuter für den Bauernmarkt.*

che Salate ist das köstliche grüne Kürbiskernöl aus der Steiermark ideal, für andere ein feines Olivenöl oder Distelöl. Unseren Essig verfeinern wir selbst mit Estragon oder Rosmarin, mit Knoblauch und Thymian. So kann unser Salatangebot gar nicht eintönig werden.

Da nun immer mehr Pflanzen erntereif werden, kommen häufig Gerichte mit mehreren Gemüsen auf den Tisch.

## Gemüsestrudel

Den Strudelteig bereiten wir nach dem Grundrezept, das beim Pilzstrudel auf Seite 32 beschrieben ist.

Aus dem Garten holen wir etwa *600 g Gemüse (z.B. Karotten, Erbsen, Blumenkohl, Brokkoli)*, das geputzt,

*Brokkoli für die sommerliche Küche ernten wir an Blütetagen.*

*Die heurige Blumenkohlernte: Ein Prachtexemplar aus unserem Garten.*

kleingeschnitten und in ganz wenig Wasser einige Minuten vorgegart wird.

Außerdem brauchen wir:

*150 g Dinkel oder Buchweizen, 2 Eier, 3 Eßl. geriebenen Bergkäse oder Parmesan, Salz, Pfeffer, Butter zum Bestreichen und für das Blech.*

Das Getreide wird gewaschen, 10 Minuten lang in wenig Wasser gekocht und auf ein Sieb gegeben. Wenn es etwas abgekühlt ist, mischen wir es mit Eiern, Käse, Salz und Pfeffer.

Der Strudelteig wird papierdünn ausgezogen, dann die Gemüsemischung daraufgestrichen und der Strudel eingerollt. Wir legen ihn auf das gefettete Backblech und bestreichen ihn mit etwas flüssiger Butter. Im vorgeheizten Backrohr (200°C) muß der Strudel 20-25 Minuten backen.

## Kartoffel-Gemüse-Laibchen

Wenn wir die Kartoffeln schon im März vorkeimen und bei guter Witterung im April legen, gibt es schon Ende Juni die ersten heurigen Kartoffeln. Sie lassen sich bestens mit verschiedenen Frühgemüsen kombinieren. Wir brauchen für dieses Gericht *500 g Kartoffeln*, die in der Schale gekocht, geschält und dann zerdrückt werden. Dazu *1 Tasse kleingewürfeltes Gemüse (Lauch, Karotten, Erbsen, Mais, Blumenkohl)*, das ganz kurz in wenig Wasser gekocht wird.

Außerdem werden benötigt:

*1 Eigelb, 1 Ei, 200 g feingemahlener Dinkel, 2 Eßl. geriebener Käse, Muskat, Kräutersalz und Butter zum Braten.*

Die zerdrückten Kartoffeln und das Gemüse werden mit den übrigen Zutaten zu einem Teig verarbeitet, aus dem wir kleine, flache Laibchen formen. In der erhitzten Butter werden sie knusprig braun gebraten. Natürlich essen wir die Laibchen mit viel Salat.

## Gemüseauflauf

Für dieses besonders feine Gemüsegericht werden je nach dem Angebot in unserem Gemüsegarten *500 g buntes Gemüse* verwendet. Es wird geputzt, in Würfel geschnitten und in wenig Wasser ganz kurz gekocht.

Außerdem brauchen wir:

*60 g Butter, 60 g feingemahlenen Weizen, 1/2 l Milch, 2 Eßl. frische, feingehackte Kräuter, Salz, Pfeffer, 3 Eier, Fett für die Auflaufform.*

Die Butter wird erhitzt, das Mehl eingerührt und leicht angeröstet. Dann kommt nach und nach unter Rühren die Milch dazu. Die Bechamelsoße wird mit den Kräutern, Salz und Pfeffer gewürzt. Die Eier werden getrennt, das Eiweiß zu steifem Schnee geschlagen; Dotter und Schnee geben wir vorsichtig in die Soße, das Gemüse ebenfalls. Die Masse kommt dann in eine gefettete Auflaufform. Im vorgeheizten Backrohr (180°C) wird der luftige Auflauf etwa 40 Minuten gebacken. Er schmeckt besonders gut zu Petersilienkartoffeln und Blattsalat.

KARTOFFELN. Schon in der Schule haben wir das einprägsame Kartoffel-Gedicht von Matthias Claudius gelernt:

„Schön rötlich die Kartoffeln sind
Und weiß wie Alabaster,
Sie däun sich lieblich und geschwind
Und sind für Mann und Frau und Kind
Ein rechtes Magenpflaster."

Doch eigentlich war uns gar nicht klar, wieviele kostbare Inhaltsstoffe die Erdäpfel tatsächlich enthal-

### Kartoffel-Zeichen

Frühkartoffeln werden bei abnehmendem Mond (am besten im Sternzeichen Fische) ausgelegt; die Kartoffeln, die wir einwintern wollen, legen wir dagegen an Wurzeltagen in der Pflanzzeit, und zwar ebenfalls bei abnehmendem Mond. Auch die notwendigen Pflegemaßnahmen nehmen wir bei diesem Zeichen vor, natürlich nur, wenn es die Witterung erlaubt, also bei trockenem Boden. Frühkartoffeln ernten wir schon, sobald die Schale sich nicht mehr abreiben läßt, die Winterkartoffeln müssen dagegen voll ausreifen, d.h. das Kartoffelkraut muß ganz abgewelkt sein. Kartoffeln werden an der Luft getrocknet und dann im möglichst luftigen Keller bei völliger Dunkelheit gelagert. Im Winter soll die Temperatur nicht unter 6-8°C betragen. Ist der Keller zu warm, keimen die Kartoffeln zu früh, in zu kalten Lagerräumen werden sie süß, weil die in den Knollen enthaltene Stärke in Zucker umgewandelt wird.

Wir selbst lagern unsere Kartoffeln in Holzkisten (Apfelsteigen) und streuen Biolit darüber. Wenn es zwischen die Knollen rieselt, faulen sie auch an den beim Ausnehmen verletzten Stellen weniger leicht.

*Der rechte Zeitpunkt für die Kartoffelernte sind trockene Wurzeltage.*

Viel Müh und Plage bedeutet die Arbeit auf dem Kartoffelacker im Hochgebirge.

Gute Aussichten für eine reiche Kartoffelernte im Hausgarten.

ten, die die Indianer schon vor 2000 Jahren gekannt und geschätzt haben. Als die spanischen Eroberer sie nach Europa mitbrachten, wußte man hierzulande mit ihnen nichts anzufangen. Erst im Laufe der Jahrhunderte lernte man die braunen Knollen richtig schätzen, vor allem ihre Bekömmlichkeit und ihren Reichtum an Kalium, Magnesium, Vitamin B, C und A. Sie schmecken gut, machen satt und haben doch nur (was heute für viele wichtig ist) ganz wenige Kalorien.

Bei Kartoffeln im eigenen Garten ist die Sortenwahl ebenso wichtig wie der Boden. Qualität und Lagerfähigkeit von Kartoffeln sind auch davon abhängig, daß sie in gesundem Boden gewachsen und in Harmonie herangereift sind. Massenproduktion mit einseitiger Überdüngung geht immer zu Lasten der Qualität, Haltbarkeit und Bekömmlichkeit. Gesunde Kartoffeln wirken zugleich verdauungsfördernd und entwässernd. Sie sind also das optimale Lebensmittel für Menschen mit Übergewicht, Rheuma oder Nierenleiden.

Wir kochen die Kartoffeln möglichst in der Schale, weil dann Vitamine und Mineralstoffe erhalten bleiben. Roh kann man Kartoffeln übrigens nicht genießen. Auch muß man alle grünen Stellen sowie die Keimansätze großzügig wegschneiden, weil sie das giftige Alkaloid Solanin enthalten. Das Wasser, in dem man geschälte Kartoffeln gekocht hat, sollte immer mitverwendet werden.

Kartoffelrezepte gibt es in riesiger Zahl, deshalb geht uns die Lust auf Kartoffelgerichte nie aus. Man kann Erdäpfel kochen, braten, rösten, fritieren oder Knödelteig daraus machen. Sie lassen sich zu Eintöpfen verarbeiten, sind eigenständige Gerichte oder Beilagen. Eines unserer Lieblingsgerichte sind

## Blechkartoffeln

Wir bürsten pro Person *4-5 kleine Kartoffeln* gründlich und waschen sie sauber ab. Dann werden sie der Länge nach halbiert und die Schnittflächen mit *Öl* bepinselt. Zum Bestreuen eignen sich *Kümmel* und

*Kräutersalz,* aber auch *Thymian* und *Oregano.* Dann kommen die Kartoffelhälften mit der Schnittfläche nach unten aufs Backblech und werden im vorgeheizten Backrohr (200°C) etwa 1 Stunde lang gebraten.

Man kann das Öl zum Bestreichen auch noch mit durchgepreßtem Knoblauch würzen.

## Gefüllte Kartoffeln

Für dieses Schnellgericht, das man zudem gut vorbereiten kann, bürsten wir *8-10 gleichgroße, mehlige Kartoffeln* gründlich, waschen sie und kochen sie in der Schale. Danach müssen sie abkühlen.

Außerdem werden benötigt:

*500 g Topfen (Quark), 2 ganze Eier und 2 Dotter, 6 Eßl. Dinkelgrieß, 5 Knoblauchzehen, je 1 rote, grüne und gelbe Paprikaschote in kleinen Würfeln, Rosmarinnadeln, Salz, Pfeffer, Zitronenthymian.*

Die gekochten Kartoffeln werden halbiert und ausgehöhlt, alle anderen Zutaten zu einer würzigen Füllung verrührt. Wir füllen sie in die ausgehöhlten Kartoffelhälften und backen sie im vorgeheizten Backrohr (180°C) etwa 30 Minuten lang.

ERBSEN. In unserem Garten wachsen und reifen vom zeitigen Frühjahr bis in den Herbst hinein ständig frische Erbsen heran. Alle 4 Wochen nehmen wir Folgesaaten vor, denn wir wollen auf das vitamin- und mineralstoffreiche Gemüse, das so wohlschmeckend ist, einfach nicht verzichten. Außerdem lassen sich Erbsen sehr gut blanchieren und einfrieren und stehen uns dann auch im Winter für viele Gemüsegerichte zur Verfügung.

Zuerst sind die Erbsen Platzhalter für späte Salatsorten, anschließend eine Folgekultur nach Frühkartoffeln. Erbsen mögen die Nachbarschaft von Karotten und Gurken, von Kopfsalat, Kohlarten und Fenchel.

**Erbsen-Zeichen**

*Die Aussaat von Erbsen nehmen wir möglichst an Blütetagen in der Pflanzzeit vor, die Ernte aber soll außerhalb der Pflanzzeit erfolgen, also beim über sich gehenden Mond an Frucht- oder Blütetagen – natürlich bei trockener Witterung.*

Sie verbessern den Boden, da sie über die sogenannten Knöllchenbakterien in ihren Wurzelknöllchen Luftstickstoff binden.

Erbsen sind wie alle Hülsenfrüchte besonders vollwertig, wenn sie zusammen mit Getreide verzehrt werden; ihnen fehlen nämlich wichtige Eiweißbausteine, die das Getreide bereitstellt. Man sollte Erbsen aber nicht zusammen mit Fleisch oder Fisch essen.

Erbsen bereiten wir am liebsten als Gemüse zu, zusammen mit Karotten und Kohlrabi, aber auch in Form von bunten Gemüsesuppen.

BOHNEN. Sie werden bei uns, weil sie wärmeliebend sind, erst nach den Eisheiligen, also ungefähr Mitte Mai, ausgelegt. Stangenbohnen sehen nicht nur dekorativ aus, sondern tragen auch gut, vor allem wenn der Boden mit Nährstoffen versorgt ist und immer gemulcht wird. Bei rauherem Klima ist es günstig, Bohnen vorzuziehen. Anders als die Erbsen kann man Bohnen nicht roh verzehren. Praktisch ist bei den Bohnen, daß sie nicht alle zur gleichen Zeit reifen, sondern nach und nach geerntet werden können.

Wir setzen Stangenbohnen gern in die unmittelbare Nachbarschaft von Zuckermais. Beide Pflanzen ergänzen sich sehr gut, der Mais stützt die Bohnen bereitwillig, die Bohnen liefern Stickstoff aus ihren Knöllchenbakterien.

Übrigens bleiben bei der Ernte die nährstoffreichen Wurzeln von Erbsen und Bohnen im Boden.

Eine Suppe aus getrockneten Bohnen gab es früher am Heiligen Abend und zu anderen wichtigen Anlässen oder bei besonders schwerer Arbeit.

Bei uns zu Hause waren die Sau- oder Pferdebohnen immer eine besondere Spezialität; sie werden auch Hosbohnen genannt und sind eigentlich gar nicht mit den Bohnen verwandt, sondern eine Pflanzenart für sich. Die frisch geernteten Hülsen kamen ungeöffnet beim Kartoffelsieden oben auf die Kartoffeln. Wir aßen die Bohnenkerne mit Salz und Milch mittags als Vorgericht oder zusammen mit den Pellkartoffeln am Abend.

## Bunter Bohnensalat

Wir ernten *500 g junge, grüne Bohnen.* Sie werden geputzt, gekocht und in 2 cm lange Stücke geschnitten.

*Von den hochrankenden Stangenbohnen kann über viele Wochen geerntet werden.*

Außerdem benötigen wir:

*3 in der Schale gekochte Kartoffeln, 3 hartgekochte Eier, 2 kleine Essiggurken, 1 kleine Zwiebel; für die Marinade Essig, Öl, 1 Teel. Senf, Dill oder Bergbohnenkraut.*

Die Kartoffeln werden in Scheiben, die Eier in Würfel geschnitten, die Zwiebel geschält und fein gehackt. Wir mischen alle Zutaten in einer großen Schüssel und gießen die Marinade darüber. Garniert wird der knackige Salat mit dünnen Radieschenscheiben und blauen Borretschblüten.

## *Kohlgewächse*

Bei allen Kohlgewächsen, bei Weißkraut, Rotkraut, Blumenkohl, Rosenkohl, Grünkohl, Brokkoli, ist zu beachten, daß sie auf keinen Fall in zwei aufeinanderfolgenden Jahren am selben Platz gezogen werden dürfen.

Sie alle brauchen nährstoffreichen Boden und viel Wasser. Wenn wir die Jungpflanzen nach dem Setzen angießen, geben wir einige Handvoll Urgesteinsmehl (Biolit) ins Gießwasser und bestäuben sie auch später mit dem mineralstoffreichen Steinmehl. Wenn wir Gewürz- und Teekräuter zwischen die Kohlarten setzen, sind diese vor der Eiablage durch den Kohlweißling besser geschützt.

Für den Winter wird bei uns Weißkraut zu Sauerkraut eingeschnitten. Einige Krautköpfe werden, nachdem die äußeren Blätter entfernt sind, an den Strünken auf dem Dachboden oder im trockenen Keller aufgehängt und können dann im Frühwinter verzehrt werden.

(Einzelheiten über die Sauerkraut-Bereitung sind in dem Band „Vom Umgang mit den Zeichen der Natur“, S. 133/134 nachzulesen).

## Krautwickel

*1 kleinerer Krautkopf* (Weißkohl) wird so lange in leicht gesalzenem Wasser gekocht, bis sich die Blätter ablösen lassen.

Weitere Zutaten:

*2 Tassen gekochter Naturreis, 1 Tasse gekochte Dinkelkörner, 2 Eier, 1 feingehackte Zwiebel, 100 g kleine Käsewürfel, 200 g in wenig Fett gedünstete frische Steinpilze (oder 20 g getrocknete), Kräutersalz, 2 Eßl. gehackte Petersilie, 1 l Gemüsebrühe.*

Aus Reis, Dinkel, Eiern, Zwiebeln, Käse und den Steinpilzen wird die Füllung zubereitet, mit Salz gewürzt und mit Petersilie vermischt. Mehrere Krautblätter werden zusammengelegt, gefüllt und mit Küchengarn zugebunden. Wir legen sie in die kochende Gemüsebrühe ein und lassen sie in 20 Minuten garen.

Man kann sie aber auch vorher in etwas Butter anbraten, sie leicht bräunen und dann erst die Gemüsebrühe angießen.

**Kohl-Zeichen**

*Die Kohlgewächse sind sehr wasserzügig und reagieren entsprechend stark auf kosmische Kräfte. Wir pflanzen Kohlgewächse, wenn es eben geht, an Blattagen; dasselbe gilt für alle Pflegemaßnahmen an diesen Pflanzen. Die Ernte erfolgt aber an Fruchttagen oder Blütetagen im aufsteigenden Mond.*

## Geschichtetes Sauerkraut

Wir brauchen für dieses Gericht aus dem großen Steingut-Sauerkrauttopf ungefähr *500 g Sauerkraut*.

Außerdem werden benötigt:

*1 kleine Tasse Reis, 1 Zwiebel, 1 Knoblauchzehe, 2 Teel. Butter, 250 g Faschiertes (Hackfleisch) vom Rind, Pfeffer, Salz, 250 g Sauerrahm, 1 Teel. edelsüßer Paprika.*

Der Reis wird halbgar gekocht und auf ein Sieb gegossen, Zwiebel und Knoblauch werden geschält und feingehackt. In heißer Butter braten wir zuerst Zwiebeln und Knoblauch leicht an und geben dann das faschierte Fleisch dazu. Mit Pfeffer und Salz würzen und das Fleisch 5 Minuten unter Rühren anbraten.

Ein Drittel des Sauerkrauts in eine feuerfeste Form schichten, darüber die Hälfte vom Reis und als nächste Schicht die Hälfte vom gebratenen Hackfleisch geben. Das nächste Drittel Sauerkraut folgt, danach ein halber Becher Sauerrahm, der restliche Reis und das Faschierte, schließlich das übrige Sauerkraut. Es wird mit Sauerrahm bestrichen. Obenauf streuen wir den Paprika. Bei mäßiger Hitze (180°C) stellen wir den Auflauf für 40-45 Minuten ins Backrohr.

## *Etwas später reif: Wurzel- und Knollengemüse*

ROTE BETE, ROTE RÜBEN. Wir nennen sie Rohnen und ziehen sie jedes Jahr in großer Menge für die Familie heran. Sie helfen uns im Winter gegen Erkältungskrankheiten, später gegen Frühjahrsmüdigkeit, und sie stärken mit ihrem hohen Vitamin- und Mineralstoffgehalt (vor allem Kalium und Folsäure) die Immunkräfte. Auch sind sie gegen Arterienverkalkung wirksam und fördern die Zellatmung. Schließlich haben die im Rote-Bete-Saft enthaltenen Betaine eine Schutzwirkung bei Störungen der Leber- und Gallentätigkeit.

Wir setzen rote Bete in lockeren, lebendigen Boden, gönnen ihnen im mittleren Entwicklungsstadium öfter eine Portion Brennesseljauche und lassen sie dann in voller Harmonie bis zum Herbst ausreifen. Kali setzen wir dem Boden um die roten Beten in Form von Holzasche zu, außerdem werden sie mehrmals mit Urgesteinsmehl (Biolit) bestäubt.

*Rote Bete gegen Erkältung und Frühjahrsmüdigkeit; geerntet wird an Fruchttagen.*

**Rote-Bete-Zeichen**

*Die Pflanzen werden an Wurzeltagen in der Pflanzzeit gesetzt; auch die weitere Pflege (häufiges Mulchen, gelegentliches Düngen) erfolgt an Wurzeltagen. Geerntet werden die reifen Knollen aber an Fruchttagen. Wir drehen die Blätter ab und lassen die roten Beten auf dem Boden liegen, bis sie abgetrocknet sind. Dann werden sie in Apfelsteigen übereinandergeschichtet und mit Urgesteinsmehl bestreut. Wenn sie im kühlen Keller stehen, kommen sie gut durch den Winter, und wir sind bis ins Frühjahr mit all ihren wichtigen Inhaltsstoffen versorgt. Besonders wertvoll sind frische rote Beten übrigens während der Schwangerschaft.*

Wir essen die roten Rüben ausschließlich roh als Salat und trinken sie in Form von Saft. 100 g Rote-Bete-Saft enthalten nämlich 5 mg Eisen und viele wichtige Spurenelemente.

## Rote-Bete-Saft

*2 mittelgroße Rote-Bete-Knollen und 2 Äpfel* werden geschält, klein geschnitten und im Entsafter gepreßt. Den Saft trinken wir vor dem Essen ganz frisch. Er kann noch mit ein paar Tropfen Zitronensaft verfeinert werden.

## Rote-Bete-Salat

Die einfachste Form des Salats ist eine Mischung aus geraspelten roten Beten und geraspelten Äpfeln zu gleichen Teilen.

Man kann die Rohnen aber auch mit verschiedenen Marinaden würzig anrichten, zum Beispiel mit einer Mischung aus Sahne, Keimöl, etwas frischem Kren (Meerrettich), Zitrone und Honig.

Sehr gut schmecken die Knollen auch mit schwarzem Rettich (im Verhältnis 2:1 gemischt) und einer Marinade aus Essig, etwas Honig, Salz und Kümmel.

KAROTTEN, MÖHREN, GELBE RÜBEN. Wenn der Juni zu Ende geht, können wir schon die Karotten ernten, die wir im Herbst (aber erst ganz kurz vor Wintereinbruch) ausgesät haben.

Doch natürlich bringen wir auch im Frühjahr Karottensamen aus, der sich bestens mit Zwiebeln in unmittelbarer Nachbarschaft verträgt. Doch mit Salat und Erbsen kommen Karotten ebenfalls gut aus. Sie sollten gemulcht und unkrautfrei gehalten werden und mögen zweimal während ihrer Wachstumszeit eine Gabe Brennesseljauche. Der Boden soll für Karotten locker, gleichmäßig feucht und belebt sein.

Bis November können wir ständig Karotten ernten, und natürlich werden sie auch für den Wintervorrat eingelagert. Bei trockener Witterung nehmen wir sie aus, drehen das Kraut ab und lassen die Wurzeln auf den Beeten abtrocknen. Dann werden sie in mit Papier ausgelegte Holzsteigen gelegt und mit Urgesteinsmehl (Biolit) bestreut.

**Karotten-Zeichen**

*Beim Karottenanbau spielt die Mondphase eine besondere Rolle; deshalb werden Möhren bei uns ausschließlich an Wurzeltagen ausgesät. Besonders günstig sind Jungfrautage, die mitten in die Pflanzzeit fallen. Wir mischen immer ein paar Dillsamen unter das Saatgut, da die schnell aufkeimenden Dillpflänzchen die Reihen gut markieren, aber auch, weil die Aura des blühenden Dills den Karotten so gut bekommt.*

Karotten sind für die Ernährung besonders wertvoll, da sie eine Menge Beta-Karotin, die Vorstufe des Vitamins A, enthalten; außerdem sind sie reich an Kalium und weiteren Mineralstoffen und Vitaminen.

Wenn im Garten die Karotten gut gedeihen, ist das ein Zeichen dafür, daß der Boden in Ordnung ist. Überdüngung und ähnliche Disharmonien mögen Karotten nämlich nicht, sie wachsen dann nur kümmer-

*Karotten gehen uns den ganzen Sommer und Herbst im Gemüsegarten nicht aus.*

lich und haben einen faden, manchmal sogar bitteren Geschmack.

Am besten schmecken Karotten frisch aus dem Garten. Sie brauchen nicht geschält, sondern nur gründlich gebürstet und gewaschen zu werden. Frisch gepreßter Karottensaft, den wir häufig mit Rote-Bete-Saft mischen, tut Leber, Galle und Magen wohl, stärkt aber auch das Immunsystem. Karottensaft wird bei Verstopfung ebenso empfohlen wie bei Durchfall und dem häufigen Brechdurchfall von Kindern.

Frisch geriebene oder fein gehobelte Karotten ergeben einen besonders wohlschmeckenden Salat, der mit Essig-Öl-Marinade oder Rahmsoße sowie viel Petersilie oder Minze angemacht werden kann.

Ein Lieblingsrezept mit Möhren kommt aus unserer Backstube:

## Rüblitorte

Wir brauchen *300 g Karotten*, die gut gebürstet, gewaschen und ganz fein gerieben werden.

Außerdem sind folgende Zutaten erforderlich:

*4 Eier, 200 g Zucker, 1/8 l gutes Pflanzenöl, 250 g feingemahlener Dinkel, 1/2 Päckchen Weinstein-Backpulver, 1 Teel. Natron, 150 g feingehackte Haselnüsse, Fett für die Springform.*

Die Eier werden mit dem Zucker in einer Schüssel schaumig gerührt, bevor wir ganz langsam das Öl hineintropfen lassen. Dann kommt das mit Backpulver und Natron gemischte Dinkelmehl dazu, zum Schluß die Haselnüsse und die geriebenen Karotten. Der Teig wird in der gefetteten Springform verteilt und der Kuchen im vorgeheizten Backrohr (175 °C) etwa 1 Stunde gebacken. Man kann ihn, nachdem er abgekühlt ist, noch mit einer Schokoladenglasur überziehen, unter der er länger frisch und saftig bleibt.

Nach demselben Rezept backen wir übrigens auch einen Zucchinikuchen.

SELLERIE. Eines der wichtigsten Wurzelgemüse ist bei uns der Sellerie, weil wir die Knollen für viele Suppen, Eintöpfe und auch Salate verwenden. Da die Jungpflanzen kälteempfindlich sind, ziehen wir sie in Kistchen vor und pflanzen sie erst nach den Eisheiligen in den Garten. In nächster Nachbarschaft mag Sellerie Lauch oder Buschbohnen sowie Kohl. Auch zwischen die Tomatenstauden wird bei uns Sellerie gesetzt, beide mögen offenbar das reichliche Mulchen mit Brennesselkraut. Sellerie darf nicht zu tief im Boden stehen und dankt gelegentliche kleine Gaben von Holzasche zur Kaliversorgung mit gutem Wachstum und schönen festen Knollen.

Sellerie hatte früher in jedem Bauerngarten seinen festen Platz, denn das Gewürzkraut galt als wichtigstes Heilmittel gegen Wassersucht. Tatsächlich hat Sellerie eine stark entwässernde Wirkung. Er hilft deshalb beim Abtransport von Schlacken- und Giftstoffen aus dem Körper. Das erklärt auch seine Anwendung gegen rheumatische und arthritische Beschwerden in der Volksmedizin.

Zuerst werden die grünen Blätter frisch für die Suppe verwendet, während die Knollen erst im Oktober geerntet werden. Sie müssen aber, gut abgetrocknet, noch vor dem ersten Frost in den Keller. Wie Karotten und rote Beten werden sie in Holzsteigen gelagert und mit Urgesteinsmehl (Biolit) bestreut.

FENCHEL. Schon im Altertum, aber vor allem in den mittelalterlichen Klostergärten nahm Fenchel einen wichtigen Platz ein; schließlich enthält er viel Vitamin A sowie reichlich Ballaststoffe.

Die Pflanzen eignen sich gut als Nachfrucht von Frühkartoffeln oder Erbsen, denn dieser Gast aus wärmeren Regionen sollte erst nach der Schafskälte, also um den 10. Juni, ausgesät werden. Damit die Pflanzen

**Konservieren mit Tradition**

*Eine alte, bewährte Art der Aufbewahrung ist das Einlegen mit Salz. Dazu werden verschiedene Wurzelgemüse – Sellerie, Karotten, Pastinakwurzeln und Petersilienwurzeln, dazu Petersilien- und Selleriegrün – geputzt, zerkleinert und durch den Fleischwolf gedreht. Dann gibt man die Paste schichtweise mit Salz in ein Schraubdeckelglas. Das Verhältnis von Kräutermasse und Salz soll etwa 4 : 1 sein. Lauchgewächse wie Zwiebeln, Porree oder Knoblauch dürfen nicht mitverwendet werden, weil die Paste sonst bitter wird.*

*Erst wenn um den 10. Juni die Schafskälte vorbei ist, wird bei uns Fenchel gepflanzt.*

gleichmäßig feucht bleiben, werden sie bei uns etwas angehäufelt. Mit den verschiedenen Blattsalaten verträgt sich Fenchel am besten, nicht aber mit Tomaten.

## Fenchelsalat mit Obst und Käse

Wir ernten *2 Fenchelknollen* und schneiden von den äußeren Blättern die festen Rippen weg. Dann werden die Knollen in feine Streifen geschnitten und mit etwas Zitronensaft beträufelt, damit sie sich nicht dunkel verfärben. Das Fenchelgrün hacken wir ganz fein.

Weiterhin brauchen wir an Zutaten:

*300 g frische Birnen, 1 Apfel, 200 g Emmentaler, 1 Becher Joghurt, 1 Eßl. feines Sonnenblumenöl, 1 Teel. Honig, Salz.*

Wir geben die Fenchelstreifen in eine Schüssel, dazu kommen Apfel- und Birnenwürfel (das Obst wird natürlich nicht geschält, wenn es aus dem Garten oder aus Bio-Anbau kommt). Der Käse wird in feine Streifen geschnitten und untergemischt. Für die Marinade verrühren wir den Joghurt mit Öl, Honig und Salz, gießen sie über den Salat und mischen gut durch. Zum Schluß wird das Fenchelgrün darübergestreut.

Natürlich essen wir Fenchel auch gekocht, zum Beispiel als Auflauf, gefüllt mit Schinken oder paniert und in Öl gebacken.

Fenchelsamen und der daraus zubereitete „wärmende" Tee sind ein altes Hausmittel gegen Blähungen; „Fencheltee heilt Bauchiweh", wußten schon unsere Mütter und Großmütter. Bei Erkältungen kann man den Samen auch mit kochender Milch übergießen, nach 10 Minuten abseihen und die nur noch warme Milch dann mit etwas Honig süßen.

## *Die ätherischen Düfte der Lauchgewächse*

Sie alle, Zwiebeln, Lauch und Knoblauch haben nicht nur eine besondere Würzkraft, sondern auch eine heilsame Wirkung. Sie enthalten reichlich Mineralstoffe und verschiedene Vitamine. Knoblauch besitzt viel ätherisches Öl, das Allicin, das Verdauung, Herz und Kreislauf anregt und der Arterienverkalkung entgegenwirkt. Lauchgewächse haben sogar eine antiseptische und wundheilende Wirkung.

**ZWIEBELN.** Zwiebeln mögen im Garten einen sonnigen Platz und lockeren (gemulchten) Boden. Sie passen besonders gut zu Möhren, weil es dann für die Zwiebel- und die Möhrenfliege unangenehm wird. Das Zwiebelbeet sollte nicht zu stark gedüngt sein, frischer Mist ist den Pflanzen zuwider. Gute Nachbarn für Zwiebeln sind Erdbeeren, Dill, Gurken und auch Kopfsalat.

Zwiebeln werden, sobald das Grün des Aufwuchses verwelkt ist, bei trockenem Wetter an Fruchttagen geerntet, von Erdresten befreit und getrocknet. Wir flechten die Zwiebeln zu Zöpfen oder hängen sie bündelweise an einem kühlen, trockenen Platz auf. Man kann sie aber auch in flachen Holzsteigen lagern.

*Zwiebeln auf Vorrat: Nach der Ernte werden sie getrocknet und zu Zöpfen geflochten.*

## Zwiebeltorte

Dieses würzige Gebäck paßt besonders gut zu einem guten Glas Wein. Wir brauchen *200 g Zwiebeln*, die geschält und in Würfel geschnitten werden.

Außerdem sind folgende Zutaten nötig:

*300 g feingemahlener Dinkel, 200 g Butter, 5 Eier, Salz, 1 Eßl. Milch, Fett für die Form, 125 g geräucherter, durchwachsener Speck, 1/4 l Rindfleisch- oder Gemüsebrühe. 1/4 l Sauerrahm (saure Sahne), 1/8 l Joghurt, 150 g geriebener Bergkäse oder Emmentaler, Pfeffer, Muskatnuß, 2 Eßl. feingehackte Petersilie.*

Wir bereiten einen Mürbteig aus dem Dinkelmehl, der Butter, 2 Eiern, Salz und Milch, kneten ihn gut durch und stellen ihn für 1 Stunde zugedeckt in den Kühlschrank. Eine Springform wird mit Öl gefettet.

Wir rollen den Teig auf dem mit Mehl bestreuten Backbrett aus, legen ihn in die Form und ziehen den Rand hoch. In den Boden ein paarmal mit der Gabel einstechen.

Der Speck wird in kleine Würfel geschnitten und zusammen mit den gehackten Zwiebeln leicht angeröstet. Darüber gießen wir die Rindfleisch- oder Gemüsebrühe, lassen die Zwiebeln darin eine Viertelstunde garen und danach abkühlen. Wir verrühren Sauerrahm, Joghurt, 3 Eier und den Käse. Dann wird die Masse mit Salz, Pfeffer, Muskat und Petersilie gewürzt, die Zwiebel-Speck-Masse daruntergemischt und das ganze auf den Tortenboden gegossen. Im vorgeheizten Backrohr (200 °C) muß die Torte 1 Stunde backen; dann schalten wir um auf Oberhitze oder Grill und lassen noch die Oberfläche goldbraun werden. Zwiebeltorte wird heiß mit frischem Blattsalat gegessen.

**LAUCH, PORREE.** Lauch braucht, anders als Zwiebeln, einen nährstoffreichen Boden mit reifem Kompost oder verrottetem Mist. Die Pflänzchen werden nach den Eisheiligen, sobald sie schnittlauchdick sind, in Reihen ausgesetzt. Es ist günstig, sie in tiefe Rillen zu setzen, die nach und nach immer wieder mit reifem Kompost aufgefüllt werden. Verdünnte Brennnesseljauche fördert das Wachstum. Vom Lauchbeet können wir den ganzen Winter ernten; unsere Vorräte reichen meist bis ins nächste Frühjahr.

Wegen seiner wertvollen Inhaltsstoffe sollte man Lauch gelegentlich als Rohkost mit Äpfeln und Nüssen essen, er schmeckt aber auch im Gurken- und Tomatensalat. Gekocht ist Lauch in Suppen aller Art fast unentbehrlich.

## Lauch im Frack

Wir brauchen für dieses Gericht *10 mitteldicke Lauchstangen*, von denen wir nur die hellen Teile verwenden (das übrige kommt in die Suppe). Wir schneiden alle Stangen gleich lang, kochen sie 10 Minuten in wenig Salzwasser und lassen sie auf einem Sieb abtropfen.

Außerdem werden gebraucht:

*10 Scheiben gekochter Schinken, 2 Eßl. feingehackte Kräuter, 4 Sardellenringe, 2 Teel. Senf, 2 Teel. Kapern,*

*Salz, Pfeffer, 50 g Parmesan- oder Bergkäse, Butterflöckchen.*

Die Schinkenscheiben werden auf ein Brett gelegt und mit einer Paste aus feingehackten Kräutern und Sardellen, Senf, Kapern, Pfeffer und Salz bestrichen. Dann wickeln wir je eine Schinkenscheibe um eine Lauchstange, legen die Stangen in eine feuerfeste Form und bestreuen sie mit Parmesan. Zum Schluß kommen Butterflöckchen obenauf. Im vorgeheizten Backrohr (180°C) werden die Stangen überbacken. Sie schmecken am besten mit frischen Kartoffeln oder mit geröstetem Brot.

## Knoblauchsoße

Sobald die frischen Knoblauchzwiebeln erntereif sind, bereiten wir eine Soße, die wunderbar zu Blechkartoffeln (siehe S. 53), aber auch zu kleinen Semmerln (siehe S. 97) paßt. Wir brauchen für eine größere Menge Soße *10 Knoblauchzehen*, die geschält und mit etwas Salz im Mörser zu einer Paste zerstoßen werden.

Weitere Zutaten:

*2 Eigelb, 1/8 l feines Olivenöl, Saft von 1/2 Zitrone, weißer Pfeffer, je 1 Eßl. feingehackte Petersilie und Basilikum.*

Das Eigelb wird mit der Knoblauchpaste verrührt, danach tropfenweise und unter ständigem Rühren mit dem Schneebesen das Öl zugegossen und die Masse kräftig aufgeschlagen. Mit Zitronensaft, Pfeffer und Salz schmecken wir die Soße ab und geben zum Schluß die Kräuter dazu. Diese Soße schmeckt übrigens auch wunderbar zu gegrilltem oder gebratenem Fleisch.

TOMATEN UND PAPRIKA. In unseren Breiten gedeihen Tomaten und Paprika am besten in großen Kübeln an der Hauswand, im Gewächshaus oder in Töpfen auf dem Balkon. Nur wenn man ein sehr geschütztes, gut besonntes Beet hat, kann man es wagen, sie im Freiland heranzuziehen. In jedem Fall brauchen diese Gäste aus dem fernen Amerika viel Wärme, Fürsorge und Pflege, wenn sie zu voller Reife kommen sollen.

Täglich muß kontrolliert werden, ob sie genügend Feuchtigkeit haben. Tomaten werden ausgegeizt und die Geiztriebe zusammen mit gehackten Brennesseln

*Für viele Gerichte unserer Vollwertküche ist Lauch einfach unentbehrlich.*

unter die Tomaten- und Paprikapflanzen gelegt. Auch verdünnte Brennesseljauche (zum letzten Mal 6 Wochen vor der Ernte!) trägt zur Kräftigung der Pflanzen bei.

Paprika, von dem wir bei einem Besuch in Südungarn riesige Felder gesehen haben, kommen auch bei uns zur Reife und beliefern unsere Küche vor allem mit Vitamin C sowie mit anderen Vitaminen und reichlich Mineral- und Ballaststoffen. Kein Wunder also, daß man in Ungarn fast täglich zur Jause oder am Abend rohe, in Streifen geschnittene Paprikaschoten, Tomatenscheiben und viel frischen Zwiebel ißt. Dazu gibt es Schmalzbrot oder Brot und Speck.

Das klassische und heißgeliebte Sommergericht der Ungarn aber ist ein berühmter Gemüsetopf mit Tomaten und Paprika.

*Weil Tomaten viel Wärme brauchen, ziehen wir sie im Gewächshaus oder in Pflanzkübeln an der Hauswand.*

*Paprika kommt bei uns nur an einem geschützten Platz zur Reife.*

**Lebensmittel für Energiefluß und Harmonie**

*Spurenelemente braucht unser Körper, wie ihr Name sagt, nur in minimaler Dosis; ein 70 Kilogramm schwerer Mann benötigt von ihnen nicht mehr als täglich etwa 40 Milligramm. Stoffwechsel und Energiefluß, in dem die Vitamine eine so wichtige Rolle spielen, können nur funktionieren, wenn genügend Spurenelemente vorhanden sind. Ihr Fehlen führt zu Krankheit und Fehlsteuerung, sind sie es doch, die die Lebensabläufe mitbestimmen, Sensibilität und Empfänglichkeit für kosmische Kräfte mitbewirken und für das nötige Spannungsfeld in einem Netz von Sendung und Empfang, von Rückkoppelung und Ausstrahlung sorgen. Ist der Energiefluß der Menschen dadurch gestört, daß sie mit der Natur nicht im Einklang sind, setzt sich dies fort bis in die kleinsten Lebensäußerungen. Eine solche Störung kann ihre Ursache darin haben, daß dem Boden, aus dem die Nahrungsmittel kommen, die Harmonie fehlt. Denn nur in lebendigem, gesundem Boden können lebens- und energiespendende Pflanzen und damit Lebensmittel wachsen. Wo täglich frische, lebendige Produkte auf den Tisch kommen, ist eine wichtige Voraussetzung für Einklang und positive Schwingung gegeben, errichtet man ein Bollwerk gegen Sterilität und Streß, gegen Eintönigkeit und Konsumzwang. Besonders aus der reifen Frucht, die aus gesundem Boden kommt, beziehen wir Inhaltsstoffe, die uns zu mehr Harmonie und Lebendigkeit verhelfen. Mit dem, was uns die Agrikulturchemie zu bieten hat – mit gesteigertem Dünger- und Chemieeinsatz, mit mehr landwirtschaftlicher Technik – ist es nicht getan. Sie hat uns Ertragssteigerungen beschert, aber nicht mehr Gesundheit und Glück. Neueste Analysemethoden ermöglichen uns heute den Nachweis von Spurenelementen in unvorstellbar kleinen Mengen.*

*Einige der wichtigsten Mineralstoffe wollen wir etwas genauer unter die Lupe nehmen: Magnesium unterstützt nicht nur die Chlorophyllbildung in der Pflanze, sondern hat auch Einfluß auf die*

## Letscho (lecsó)

Dazu brauchen wir *8 Paprikaschoten und 8 Tomaten.* Am besten sind die gelben, spitzen ungarischen Paprika geeignet. Die Tomaten sollen möglichst süß sein. Die Paprikaschoten werden ohne Kerne und Scheidewände in feine Streifen, die Tomaten in Stücke geschnitten (grüne Stielansätze entfernen).

Außerdem benötigen wir: *2 große Zwiebeln, 1 Eßl. Schweineschmalz (oder 4 Eßl. Öl), 50 g geräucherten, durchwachsenen Speck, 200 g gekochte Wurst (Polnische oder Krakauer), Salz, scharfen Paprika.*

Die Zwiebeln werden geschält, in feine Ringe geschnitten und im heißen Schmalz glasig gebraten. Dann kommen Speckwürfel, Paprikaschoten, Tomatenstücke und die in Würfel geschnittene Wurst dazu. Alles wird durchgerührt und muß 20 Minuten kochen. Zum Schluß mit Salz und nach Wunsch mit scharfem Paprika abschmecken.

## Tomatenketchup für den Wintervorrat

Wenn es im Hochsommer ein Überangebot an frischen Tomaten gibt, legen wir die Früchte süßsauer ein oder verarbeiten sie zu dem bei den Kindern so beliebten Ketchup.

*3 kg reife Tomaten, 2 große Zwiebeln, 2 Knoblauchzehen, 1/2 Tasse Zucker, 1/2 Tasse Kräuteressig, Salz, 4 Gewürznelken, 2 Lorbeerblätter, 1 Zimtstange.*

Die Tomaten werden gewaschen, die Stengelansätze entfernt. Dann schneiden wir die Früchte in Würfel und pürieren sie portionsweise im Mixer. Wichtig ist, daß die Häute nicht zu stark zerkleinert werden, weil sonst das Ketchup bitter schmeckt. Die passierten Tomaten bringen wir mit den geschälten und feingehackten Zwiebeln und Knoblauchzehen, Zucker, Essig und allen Gewürzen zum Kochen. Bei mittlerer Hitze sollen sie in einer dreiviertel Stunde

*Knochenstabilität des Menschen. Bei Magnesium-Mangel kann es zu Herzbeschwerden, Schlafstörungen und Depressionen kommen. Überdüngung mit Kalk bewirkt diesen Mangel in den Pflanzen und damit in unserer Nahrung. Durch Lebensmittel aus intaktem Boden und natürliche Pflanzenpflege können wir unseren Magnesiumbedarf auch ohne Zusatzmittel decken.*
*Eisen ist u.a. für den Sauerstofftransport in alle Körperzellen zuständig, es steuert aber auch die Photosynthese in den Pflanzen. Diese Aufgabe kann es nur bei entsprechender Dynamik und Lebendigkeit des Bodens leisten. Zuviel Phosphordünger hemmt die Aufnahme von Eisen durch die Pflanzen. Bei Ernährung mit vollwertigen Lebensmitteln kommt es nicht zu Eisenmangel im Körper.*
*Zink, das schon im Boden regulierende Funktionen übernimmt und durch Umsetzung über Pilze frei wird, schützt Pflanzen und über die Nahrungsmittel den Menschen vor Bakterien und Viren. Das ist der Grund, daß manche Beeren und Gemüsearten geradezu als Grippemittel wirken und das ganze Immunsystem stärken. Zink ist auch zum Schutz gegen giftige Schwermetalle im Boden wichtig. Belebter Boden, der mit viel organischem Material (Reifkompost) angereichert wird, gut belüftet und durch Kreislaufwirtschaft und vernünftige Fruchtfolge harmonisch ist, gibt jenen Pilzen die Lebensgrundlage, mit denen das Zink vergesellschaftet ist.*
*Mangan-Mangel verhindern wir durch häufigen Genuß von Getreideprodukten, Nüssen und Kräutertees.*
*Krankheiten entstehen oft durch das Fehlen von Bodengesundheit und entartete Nahrungsmittel.*
*Die Vitalität eines gesundes Bodens muß sich über die Pflanze, das Tier bis zum Menschen fortsetzen. Wenn wir unsere Gartenpflanzen und speziell die Beerenkulturen auch im Hinblick darauf betrachten, so wird uns ihre Bedeutung für unser Wohlergehen viel deutlicher. Chemische Analysen der Nahrungsmittel können alle wichtigen Inhaltsstoffe, einschließlich der Spurenelemente, nachweisen, doch die nur in homöopathisch winzigen Dosen darin enthaltenen feinstofflichen Anteile vermögen sie nicht zu messen. Die werden nur für den spürbar, der ständig in den Genuß harmonischer Lebensmittel kommt.*

*Für ein paar Johannisbeersträucher ist in jedem Hausgarten Platz.*

etwa auf die Hälfte einkochen. Zwischendurch wird öfter umgerührt. Das kochendheiße Ketchup füllen wir dann in saubere Schraubdeckelgläser. Sie werden verschlossen und im Backofen sterilisiert.

## Beerenobst im Hausgarten

Die Beerenobst-Kulturen sollten in unseren Gärten eine Sonderstellung einnehmen, denn Beeren versorgen uns nicht nur mit Vitaminen, sondern auch mit den lebensnotwendigen Spurenelementen.

Unsere Kulturpflanzen im Hausgarten stammen alle von Wildpflanzen ab; sie sind über Jahrhunderte durch Selektion, Züchtung und Kreuzung herangezogen worden.

RIBISELN, JOHANNISBEEREN. Sie lieben die Sonne, stellen aber keine großen Ansprüche an Klima und Boden. Wenn es sehr trocken ist, müssen sie gelegentlich gegossen werden, vor allem während und kurz nach der Blüte. Außer roten und gelben gibt es auch die frost- und mehltauresistenten schwarzen Ribisel, von denen man immer gleich zwei Sträucher verschiedener Sorten haben sollte. Alle Sorten können gut durch Stecklinge vermehrt werden.

Wir pflanzen Johannisbeeren im 2-Meter-Abstand tief in die mit Reifkompost oder verrottetem Stallmist versorgte Erde. Nach der Ernte braucht der Strauch einen Verjüngungsschnitt, bei dem alle abgetragenen Triebe und schwache Jungtriebe am Boden entfernt werden. Sechs bis zehn ein-, zwei- und dreijährige Triebe bleiben stehen.

Ribisel können als Hecke, in Spalierform oder als Hochstämme gepflanzt werden. Die Krone eines Hochstamms sollte nicht mehr als fünf Triebe haben und ständig verjüngt werden.

Gleich nach der Ernte wird mit Reifkompost gedüngt und gemulcht. Im Herbst binden wir die Ruten zum Schutz gegen Schneebruch zusammen. Im Herbst und im Frühjahr werden die Sträucher mit Biolit bestäubt.

Zuviel Dünger bringt keine bessere Ernte, sondern führt zu Disharmonie und schwächt die Widerstandskraft der Sträucher. Auch sind die Früchte dann weniger schmackhaft und schlecht haltbar.

## Ribiselmarmelade ohne Zucker

Wir brauchen *4 kg Johannisbeeren* (es können auch Himbeeren oder Stachelbeeren sein); sie werden gewa-

**Beerenernte**

*Geerntet wird möglichst an Fruchttagen oder Blütetagen, und zwar beim aufsteigenden Mond (in der Zeit von Schütz bis Zwilling), also außerhalb der Pflanzzeit. Wir pflücken nur reife, trockene Früchte, d.h. niemals bei Regenwetter. Natürlich verarbeiten wir die Ernte sofort zu Gelee, Marmelade, Saft und Likör. Einige Becher werden für den Winter eingefroren, da sie jedes Dessert noch verfeinern können. Natürlich wird vom üppigen Erntesegen auch gleich genascht, um in den vollen Genuß aller wertvollen Inhaltsstoffe der Beeren zu kommen; so wird das Beerenernten oft zu einem richtigen Fest für die ganze Familie.*

*Die Ernte von Beeren wie von anderem Obst sollte nach Möglichkeit an Frucht- oder Blütetagen erfolgen – am besten bei aufsteigendem Mond.*

schen und von den Stielen gezupft. Gut ausgekochte Gläser mit Schraubverschluß stehen zum Füllen bereit.

Außerdem werden benötigt:

*1/2 l Wasser, 4 Eßl. Agar-Agar, einige Eßlöffel Honig, 6 Eßl. hochprozentiger Schnaps.*

Die Beeren werden mit dem Wasser einige Minuten lang gekocht. In einem zweiten Topf lösen wir das Agar-Agar auf und lassen es etwa 5 Minuten schwach kochen, bevor es mit den Beeren vermischt wird.

Die Marmelade wird so in die sterilisierten Gläser gefüllt, daß oben etwa 1 cm freibleibt. Darauf kommt ein Eßlöffel Hochprozentiges, das angezündet wird. Noch während der Schnaps verbrennt, wird der Deckel fest aufgeschraubt. Durch das Verbrennen entsteht im Glas ein Vakuum. Die Gläser werden mit einem Tuch abgedeckt und kommen am nächsten Tag in das Vorratsregal im Keller.

Wer die Marmelade gern süßer mag, mischt sie später nach Wunsch mit Honig.

**HIMBEEREN.** Sie lieben leicht sauren Boden (ph-Wert 5,5-6,3), unter zuviel Kalk leiden sie, bekommen gelbe

*Die Himbeerblüte fällt in die blütenarme Zeit, wenn Löwenzahn und Obstbäume verblüht sind. Deshalb freut es mich, wenn meine Bienen so emsig um die Himbeeren summen. So bringen sie doch für die Zeit der Königinnenzucht zumindest eine Tröpfeltracht zusammen. Auf meinem Wanderstand oben in der Wildschönau erscheinen die Himbeeren gleich nach den Almrosen und bieten den Bienen willkommene Abwechslung, die sich natürlich im feinen Aroma des Honigs niederschlägt.*

Blätter und kümmern. Auf Torf verzichten wir zwar zum Schutz der Moore, gönnen aber unseren Himbeeren gelegentlich etwas Moderauflage vom Mischwaldboden. Für einen sonnigen Platz, wenig Reifkompost oder verrotteten Mist sowie eine Mulchauflage mit Sägemehl und Grasschnitt bedanken sich Himbeeren durch üppige Ausläuferbildung und gesunde, köstliche Früchte. Der Abstand in der Reihe soll 40 Zentimeter betragen, die Reihen sind 1,50 Meter voneinander entfernt. Beim Pflanzen kommen die Bodenknospen 5 Zentimeter tief in den Boden, die Triebe werden eingekürzt. Abgetragene Ruten schneiden wir gleich nach der Ernte weg. Auf einem Meter bleiben acht Jungruten stehen.

Es ist günstig, zweimal tragende Sorten im Spätherbst ganz abzuschneiden und damit auf die erste Ernte im Frühsommer zu verzichten und nochmals schwache Ruten zu entfernen. Dann gibt es im Herbst eine reiche Ernte bis in den November.

Es lohnt sich auch, immer wieder beim Nachbarn oder im Obst- und Gartenbauverein nach Neuigkeiten Ausschau zu halten, um Abwechslung in unsere Kulturen zu bringen.

## Himbeerlikör

Wir brauchen für diese Spezialität 2 kg Himbeeren, die frisch geerntet sein sollen. Als Gefäß steht ein sauberes großes Glas mit weiter Öffnung bereit.

Außerdem sind folgende Zutaten nötig:

*700 g Kandiszucker, 2 Eßl. Vanillezucker (mit Bourbonvanille), 2 l Wein- oder Obstbrand.*

Die Himbeeren werden lagenweise mit Kandis- und Vanillezucker in das Glas geschichtet. Dann gießen wir den Schnaps dazu und stellen das Glas aufs Fensterbrett. Nach etwa 6-8 Wochen wird der Likör abgeseiht. Er kommt in hübsche Flaschen, wird gut verschlossen, etikettiert und zu besonderen Anlässen ausgeschenkt oder an gute Freunde weitergegeben.

**Brombeeren.** Die Stacheln der wilden Brombeeren sitzen ganz tief in den Kindheitserinnerungen; deshalb freuen wir uns heute über unsere Gartenkulturen. Es gibt viele Sorten guter stachelloser Brombeeren. Die Halbsträucher mit den starken Jahrestrieben (bis 3 m) wollen Sonne und einen frostgeschützten Platz, am besten an einer Hauswand oder einer warmen Steinmauer. Als Spaliere blühen und fruchten sie bis in 1000 Meter Seehöhe. Doch Brombeeren brauchen Platz. Bei Neupflanzung bleiben nur zwei Triebe stehen, in den

*Eine Brombeerernte ohne Stacheln und Kratzer – Kulturbeeren machen es möglich.*

Folgejahren vier Ruten pro Stock. Abgetragene Ruten werden nach der Ernte weggeschnitten und vier kräftige Ruten luftig und frei aufgebunden, damit sie viele fruchtende Seitentriebe bilden können. Zur Pflege brauchen sie Reifkompost und Grasmulch.

In sonniger Lage bringt eine Pflanze bei guter Führung bis zu 15 Kilogramm Beeren, die nach und nach reifen, also von Mitte August bis Ende September ständig geerntet werden können. Der wertvolle, vitaminreiche Brombeersaft, den wir daraus bereiten, hilft im Winter bei Husten und Katarrhen.

## Brombeer-Speziallikör

In einer Porzellanschüssel werden *1500 g Brombeeren* zerdrückt und mit *2 l Alkohol (96 Prozent)* in eine große Glasflasche gegeben. Einen Monat lang muß sie im Zimmer stehenbleiben. Dann lassen wir *1 kg Zucker* in 4 Liter Wasser 10 Minuten kochen und schäumen zwischendurch mehrmals ab. Das Zuckerwasser muß abkühlen und kommt zu den Beeren. Eine Woche später wird der Likör abgeseiht, in Flaschen gefüllt, gut verschlossen und dunkel aufbewahrt.

STACHELBEEREN. Mindestens zwei Stachelbeersträucher verschiedener Sorten sollten in keinem Garten fehlen, damit die Ernte zumindest für den Frischverzehr reicht. Herrlich schmecken Stachelbeeren auch in gemischten Beeren-Marmeladen.

JOSTABEEREN. Diese Kreuzung aus *Jo*hannisbeere und *Sta*chel*beere* verspricht gute Ernte, braucht etwa 5 Quadratmeter Standraum und eine unkrautfreie Pflanzscheibe (mit Rinden- oder Grasmulch). Die Sträucher sind stachellos und resistent gegen Mehltau, die Beeren großfrüchtig, aromatisch und vitaminreich (Vitamin C).

**Brombeer-Geheimnisse**

*Wer es schafft, durch ein dichtes Brombeergestrüpp zu kriechen, ohne dabei auch nur eine Wurzel der vielen Absenker auszureißen, der ist gefeit vor Krankheit und Zauberei.*

*In Frankreich legte man lange Brombeerzweige um die Stalltür, um das Vieh vor Verhexung zu schützen.*

*Mancherorts werden die Federn für das Ehebett durch einen aus Brombeerzweigen geflochtenen Rost gesteckt, um das Paar vor Hexenkünsten zu bewahren.*

*Viele Brombeeren im Herbst versprechen im Folgejahr eine gute Roggenernte und ein reiches Weinjahr.*

TAYBERRIES. Die anspruchslose Kreuzung aus Himbeere und Brombeere liebt einen sonnigen Standort und stellt nur geringe Ansprüche. Sie bringt aromatische Früchte hervor, die größer als Himbeeren sind. Wir essen sie frisch oder als Tortenbelag oder mit Eis. Die Triebe müssen geführt und nach der Ernte über dem Boden abgeschnitten werden. Im Sommerschnitt kürzt man vorzeitige Triebe auf zwei Knospen ein.

KULTURHEIDELBEEREN/KULTURPREISELBEEREN. Diese aus Nordamerika stammenden Kulturen brauchen sauren Boden (ph-Wert 5 und darunter), wie er in unseren Nadelwäldern mit Heidelbeerbewuchs vorherrscht. Sie müssen in große Pflanzgruben gesetzt werden, die mit Rindenmulch, Humus, Torf und Walderde vorbereitet wurde, und wollen keine Staunässe. Die Kultur ist in unseren Breiten pflegeaufwendig und schwierig. Die Früchte schmecken gut und haben einen hohen Mineralstoff- und Vitamingehalt.

# DIE OBSTSORTEN UNSERER HEIMAT

Baum und Lebensraum
Wuchsformen und Obstbaumpflege
Vom Segen der reifen Früchte
Die Erntezeit beginnt
Der Birnbaum als guter Geist des Hauses

# Die Obstsorten unserer Heimat

Wenn wir uns bei einer Fahrt übers Land von weitem einer Ortschaft nähern, so kann dieser erste Eindruck schon manches verraten. Da gibt es Ansiedlungen mit sauberen Wohnhäusern und Zweckbauten, mit akkurat asphaltierten Straßen und Plätzen, mit „gepflegten" Vorgärten und Grünanlagen. Doch irgendetwas am Gesamtbild dieser Dörfer, Siedlungen, kleinen Städte oder Stadtrandbebauungen läßt sie nüchtern, fast unwirtlich erscheinen. Man spürt nichts Bodenständiges, Gewachsenes, denn es fehlen einfach Bäume, vor allem eingewachsene alte oder auch neugepflanzte Obstbäume.

Ganz anders ein Ort, ein Dorf, das eingebettet ist in Wiesen, Felder und Obstanger; wo zu den meisten Häusern Obstgärten oder zumindest ein oder zwei Obstbäume gehören. Wenn schöngewachsene Baumgestalten das eine oder andere Dach überragen, wenn Bauernhöfe mit ihren Obstangern noch harmonisch ins Dorfbild integriert sind, spürt man selbst beim Durchfahren oder im Vorbeigehen etwas Anheimelndes, natürlich Gewordenes.

## Baum und Lebensraum

Seitdem die Menschen in unseren Breiten seßhaft geworden sind, haben sie Obstwiesen angelegt, lockere Anlagen mit ganz unterschiedlichen Kulturen. – Vordringlicher Zweck einer Obstbaumpflanzung war und ist natürlich die Versorgung der Familie mit gesunden Früchten. Die Bäume beim Haus und Hof hatten, gewollt oder ungewollt, immer auch eine Bedeutung als Gestaltungselemente in der Landschaft. Vermitteln doch gerade die Hochstämme und die robusten Wuchsformen über die Erträge, die sie liefern, hinaus auch Heimatgefühl. Wo alte Obstbäume Schatten

*Blütenpracht und reicher Fruchtbehang sorgen mit dem Wechsel der Jahreszeiten ständig für Überraschung und Freude.*

spenden, da begegnet man der Natur noch in all ihrer Vielfalt, da kann der streßgeplagte Mensch durchatmen und nur hoffen, daß sie uns noch lange erhalten bleiben. Doch ein Blick in alte Ortschroniken zeigt uns, wieviele solcher urigen alten Bäume schon verlorengegangen sind; die Veränderung vollzieht sich ganz allmählich und zunächst fast unmerklich.

Auch mitten im Paradies stand ein Apfelbaum – als Symbol des Lebens. Seine Früchte waren so verlockend und köstlich, daß sie Eva zur Sünde verleiteten.

Ein Obstbaum hat, zumal wenn er zu einiger Größe herangewachsen ist, verschiedene Aufgaben. Er strahlt in seiner Ortsfestigkeit Ruhe und Gelassenheit aus, er bietet Schatten, Schutz und Unterstand, und er spendet natürlich auch Sauerstoff. Im Blütenkleid erfreut er Gemüt und Seele, im Herbst trägt er durch reiche Frucht zum Lebensunterhalt bei, im Winter beeindruckt er, vom bunten Laub entkleidet, durch schöne Strukturen. Wird ein Baum umgeschnitten, der bis dahin einen einzelnen Garten oder sogar das Ortsbild geprägt hat, so hinterläßt er eine schmerzliche Leere; es kommt uns vor, als hätten wir einen guten, alten Freund verloren.

Zu den Bäumen in unseren Gärten entwickeln wir nämlich eine Beziehung, insgeheim sprechen wir mit ihnen, reden ihnen gut zu, wenn sie Wind und Wetter auszuhalten haben, lehnen uns oft haltsuchend an ihren Stamm.

Bäume schaffen Lebensräume – nicht nur für Menschen. In unseren Obstgärten sind bis zu 30 Vogelarten heimisch, Höhlenbrüter wie Meise, Kauz, Specht und Wendehals, gelegentlich sogar der Wiedehopf, nisten mit Vorliebe in Obstbäumen. Sind die Bäume groß genug, locken sie auch Freibrüter wie Rotkopfwürger und Fink zum Nestbau in ihren Astgabeln.

Im Obstanger finden Amsel und Drossel ein reichliches Nahrungsangebot, für das sie sich mit melodischen Morgen- und Abendgesängen bedanken. Auf Obstwiesen und unter Bäumen bieten wir auch Schmetterlingen, Insekten, Igeln, Maulwürfen und Fledermäusen Lebensbedingungen, die all diese Tiere zu schätzen wissen.

Da der Baum als Symbol der Fruchtbarkeit gilt, wird er als Lebensbaum betrachtet, und oft pflanzen Eltern zur Geburt ihres Kindes einen Baum, der als das greifbare Abbild des heranwachsenden Lebens gilt. Für einen Buben setzte man traditionell einen Apfelbaum, für ein Mädchen meist einen Birnbaum oder Nußbaum.

***Da der Baum als Symbol der Fruchtbarkeit gilt, wird er als Lebensbaum betrachtet, und oft pflanzen Eltern zur Geburt ihres Kindes einen Baum, der als das greifbare Abbild des heranwachsenden Lebens gilt.***

Natürlich können wir heute bei den immer kleiner werdenden Grundstücken nicht unbegrenzt Bäume pflanzen und sie auch nicht in den Himmel wachsen lassen, doch es gibt Obstbäume für fast alle Zwecke und jedes Platzangebot.

## *Unterschiedliche Wuchsformen*

Wer eine größere Gartenfläche zur Verfügung hat, sollte sich entschließen, nicht nur Miniatur-Obstbäume zu pflanzen, sondern auch einen oder mehrere Viertel-, Halb- oder Hochstämme zu setzen. Ihre Stammhöhe reicht bis 2 Meter hinauf. Natürlich muß man vorher bedenken, wieviel Platz der Baum in einigen Jahren brauchen wird. Für einen starken Boskoop-Apfelbaum beispielsweise sollte man eine Fläche von 12 bis 20 Quadratmetern reservieren. Deshalb ist es richtig und wichtig, sich vor der Pflanzung bei einem Fachmann (in der Baumschule oder beim örtlichen Obst- und Gartenbauverein) Rat zu holen. Dann informiert man sich auch darüber, welche Obstsorten für die jeweilige Gegend mit ihren besonderen klimatischen Bedingungen, Bodenverhältnissen und auch dem speziellen Kleinklima im eigenen Garten am günstigsten sind und am meisten versprechen. Aus Büchern allein ist das nicht zu erfahren. Bei Wanderungen und Spaziergängen schauen wir über Zäune und Hecken und sehen uns auch andere Gärten an. Nur durch Vorbilder und selbstgemachte Erfahrung wird man klug.

Auch Besitzer von Klein- und Reihenhausgärten brauchen auf Obst aus dem eigenen Garten nicht zu verzichten. Es gibt Spindelbüsche, deren Stämme nur einen halben Meter hoch sind und die insgesamt nur 3 Meter hoch werden. Sie benötigen auch in späteren Jahren nicht mehr als 3 Quadratmeter Platz. Der

*Eine Obstbaumwiese braucht auch entsprechende Pflege, damit sie nicht verwildert und die Bäume jahrzehntelang fruchten.*

Buschbaum hat schon eine Stammhöhe von 80 Zentimetern und erreicht bis zu 5 Metern Höhe.

## Von der rechten Obstbaumpflege

Daß wir uns beim Pflanzen junger Obstbäume an günstige Tage halten, versteht sich von selbst. Wir haben, wenn möglich, unsere jungen Bäume also an Fruchttagen gepflanzt. Die richtige Sortenwahl erleichtert zugleich die Pflege, denn wenn ein Baum an einem für ihn günstigen Platz steht, also Klima, Umfeld, Boden und der Mikrostandort passend sind, haben wir auch schon etwas für seine Pflege, speziell die Schädlingsbekämpfung, getan. Gerade in den letzten Jahren konnten wir lernen, daß hohe Niederschlagsmengen und ständige Feuchtigkeit die Krankheitsanfälligkeit der Obstbäume ebenso erhöhen wie ein Standort in feuchten Senken und Kaltluftseen.

DÜNGUNG UND PFLANZENSCHUTZ. Wichtig ist eine ausgewogene Düngung, damit der Baum gedeiht und gesunde Früchte ausreifen können. Überdüngung macht die Bäume krank, verführt sie zu übermäßiger Entwicklung und setzt ihre Widerstandskraft herab. Sie werden anfällig für Pilzkrankheiten, auch werden Schädlinge im Übermaß angelockt.

Am besten als Dünger geeignet sind Reifkompost oder verrotteter Stallmist. Die Baumscheibe wird danach mit einer Schicht Grasschnitt gemulcht, damit die Regenwürmer sich an die Arbeit machen können. Ein paar Samenkörner von hochrankender Kapuzinerkresse im Mai um den Stamm gelegt, sorgen nicht nur für Blütenfülle und Duft, sondern bewirken auch, daß die Blut- und Schildläuse dem Baum fernbleiben und daß allerlei Nützlinge sein Umfeld aufsuchen. Man kann auch Knoblauchzehen in den Boden stupfen, mit ein paar Brennesseln Schmetterlinge anlocken

und so die Harmonie des Bodenlebens fördern. Bäume gedeihen einfach besser in fruchtbarem Boden, mit Kräutern und Blumen wie Stiefmütterchen, Schneeglöckchen, Hyazinthen oder Bartnelken und Ringelblumen als Unterwuchs, sie blühen und fruchten reicher und werden im Ganzen robuster. Pflanzen stehen ebenso wie Tiere und Menschen in einer engen Wechselbeziehung, die dem Leben und der Gesundheit förderlich ist.

Wir verhelfen den Bäumen in unserem Garten mit zweimaliger Gabe von Brennesseljauche zu besserer Nährstoffversorgung und zur Stärkung ihrer Abwehrkräfte gegen Parasiten und Pilzkrankheiten. Urgesteinsmehl (Biolit), das nach einem Regen einfach in die Kronen gestäubt wird, unterstützt diese Wirkung noch. Auch Schachtelhalmtee ist ein uraltes Hausmittel gegen Pilzkrankheiten. Etwas Holzasche im Kompost verbessert die Kaliversorgung und steigert die Blühfreudigkeit.

**Was gesunde Obstbäume brauchen**

- *Richtige, dem Standort, Boden, Klima und Kleinklima im Garten angepaßte Sortenwahl und Wuchsform*
- *Sorgfältige Pflanzung und Pflege; Pflanzennachbarschaften berücksichtigen, z.B. nicht einen Apfelbaum allein pflanzen*
- *Regelmäßiger, fachgerechter Schnitt*
- *Düngung und Gestaltung der Baumscheibe*
- *Pflege und ggf. Sanierung des Stammes*
- *Pflanzenharmonie und Schädlingsbekämpfung*
- *Behandlung mit Pflanzenjauchen und -brühen gegen Schädlinge wie Blut- und Schildläuse*
- *Regelmäßige Versorgung mit Kompost und Mulchdecke*
- *Wichtig ist auch, daß wir uns vom Erwerbsobstbau, von den im Handel gängigen Sorten abheben. Wir bevorzugen altbewährte Landsorten, aber auch in der Region kultivierte Neuzüchtungen und achten darauf, daß wir durch eine Mischung von frühen und spätreifenden Sorten während der gesamten Saison und auch im Winter mit frischem Obst versorgt sind. Entsprechende Informationen und Ratschläge bekommen wir von den Fachleuten für Obst- und Gartenbau in den Landwirtschaftskammern.*

WINTERSCHUTZ. Im Herbst sollten wir die Baumstämme gründlich abbürsten. Wir selbst bereiten als „Wundermittel" eine Mischung aus Urgesteinsmehl (Biolit), frischen Kuhfladen und Molke oder Schachtelhalmtee, mit der wir den Stamm dick anstreichen. Er geht dann geschützt in den Winter, und unter dem Anstrich wird die Rinde geschmeidiger und widerstandsfähiger. Schädlinge wollen nicht mehr am Stamm überwintern, und der Baum wird auch nicht vom Wild verbissen. Insgesamt gewinnt er durch diese Pflegemaßnahme mehr Gesundheit und Standfestigkeit, das ist unsere Erfahrung aus vielen Jahren. Auch Verletzungen der Rinde, zum Beispiel durch Anfahren mit dem Rasenmäher, Schädlings- und Pilzbefall, Frostschäden oder Hagelschlag können so kuriert werden.

Vom Fruchtansatz nach der Blüte bis in den Sommer fallen ständig kümmernde und von Insekten und anderen Schädlingen heimgesuchte Früchte ab. Das ist ganz normal und führt zu einer natürlichen Auslese. Nur gesundes Obst kann und soll am Baum zur Reife kommen.

## *Vom Segen der reifen Früchte*

Die organischen Säuren der Früchte sind basenüberschüssig und werden im Körper zu Wasser und Kohlensäure abgebaut. Wir sollen Obst ebenso wie Gemüse in größeren Mengen und verteilt über den Tag essen. Es bekommt uns besser, rohes Obst vor den Mahlzeiten zu uns zu nehmen, damit es den Verdauungsapparat auf seine Arbeit vorbereiten und die Verdauung in Gang bringen kann. Obst nach den Mahlzeiten kann dagegen Blähungen und Bauchweh verursachen. Den meisten Menschen bekommt frisches Obst am Abend nicht besonders gut, deshalb ziehen wir am besten die letzte Mahlzeit des Tages auf den Spätnachmittag oder frühen Abend vor.

Auch frischgepreßte Fruchtsäfte trinken wir vor den Mahlzeiten und lassen dann noch ein wenig Zeit verstreichen, bevor wir mit dem Essen anfangen. Daß

*Wie entspannend es ist, an einem Frühlingstag im Schatten eines Apfelbaums (hier Klarapfel) die Seele baumeln zu lassen!*

Obst und Obstsäfte ausgesprochene Muntermacher sind, erfahren wir, wenn wir statt der nachmittäglichen Kaffeepause einen kleinen Imbiß aus frischem Obst einlegen. Wir werden uns nach einem Apfel oder einem Obstsalat mit ein paar Nüssen oder Mandeln viel frischer fühlen als nach Kaffee und Kuchen.

Wer die Möglichkeit dazu hat, sollte frisches Obst gleich vom Baum weg essen; der Genuß ist ungleich größer als bei lange gelagerten oder gekauften Früchten. Fallobst aber muß sofort verarbeitet werden, weil die Druckstellen schon nach kurzer Zeit zu faulen beginnen.

## Die Erntezeit beginnt

Fruchttage und auch die Blütetage bei aufsteigendem Mond sind für die Ernte von Obst am besten geeignet. Natürlich muß am Tag der Ernte trockenes Wetter sein. Auch das günstigste Zeichen aus dem Kosmos kann bei regnerischem Wetter nicht weiterhelfen.

Wir ernten nur reifes, gesundes Obst. Halbreife, saure Früchte lassen sich nicht lagern und lohnen auch die weitere Verarbeitung nicht. Wer mehrere Obstbäume besitzt und die richtige Sortenwahl getroffen hat, kann vom Sommer bis in den Spätherbst hinein reife Früchte ernten, zum Frischessen, zum Lagern und zum Konservieren.

**OBST RICHTIG LAGERN.** Wenn wir frisches Obst, vorwiegend natürlich Äpfel, für den Winter einlagern wollen, brauchen wir einen kühlen, frostfreien Raum. Die Früchte werden in Steigen gelegt, die man stapeln kann, möglichst aber nicht zu dicht übereinander; denn zwischendurch muß der Vorrat öfter kontrolliert und schadhaftes Obst aussortiert werden.

Grundsätzlich gilt, daß man Obst, vor allem Äpfel,

nicht zusammen mit Wurzelfrüchten, also Roten Beten, Karotten oder auch Kartoffeln lagern soll. Doch meist steht nur ein einziger Raum für alles zur Verfügung.

Auch bei uns wird im selben Raum überwintert, doch wir bestreuen die Wurzelgemüse einschließlich der Kartoffeln vor dem Einlagern mit etwas Urgesteinsmehl (Biolit). Wenn wir dieses Mehl dann im Frühjahr auf den Kompost bringen, duftet es stark nach Äpfeln. Biolit kann die den Äpfeln entströmenden Gase (Äthylen) neutralisieren.

***Daß unsere Vorfahren schon immer gewußt haben, wie segensreich Äpfel sind, beweist ein Gedicht aus dem Jahr 1663: „Die Aepffel leschen Durst und stärcken wol den Magen, Sie stehn dem Hertzen bey, die Hitz thun sie verjagen, Dem Magen nutzen sie und seynd in Fiebern gut, In schwartzer Gall man sie gar wol gebrauchen thut.“***

FRÜCHTE TROCKNEN. Bei dieser Form der Konservierung wird den Früchten bis zu 90 Prozent der in ihnen enthaltenen Feuchtigkeit entzogen; dieser Trocknungsvorgang macht sie haltbar und verhindert, daß Schimmelpilze und Fäulnisbakterien zum Zuge kommen. Dabei werden die Vitamine und andere wertvolle Inhaltsstoffe weitgehend geschont.

Größere Früchte zum Trocknen (z.B. Äpfel, Birnen) werden in höchstens einen Zentimeter dicke Spalten geschnitten, Zwetschgen und Marillen entsteint; sie sollen zunächst schnell und gleichmäßig antrocknen. An heißen Sommertagen kann man die Obstspalten dazu auf einem mit Pergament belegten Backblech in die Sonne stellen (aber gegen allerlei Insekten mit einem dünnen Tuch abdecken), bei feuchter Witterung stellen wir sie in die Nähe von Herd oder Kachelofen. Zum Antrocknen kann das Blech auch in den Backofen geschoben werden, der auf ganz schwache Hitze geschaltet ist; die Backofentür muß einen Spaltbreit offenbleiben, damit die Feuchtigkeit entweichen kann. Das Nachtrocknen kann dann ruhig etwas länger dauern.

Manche Birnensorten müssen vor dem Trocknen kurz abgekocht werden, weil sie sonst ungenießbar hart werden. Sehr hartschalige Äpfel schälen wir vor dem Aufschneiden in Spalten. Die Apfelschalen werden dann ebenfalls getrocknet und ergeben zusammen mit getrockneten Blättern der Schwarzen Johannisbeere einen sehr bekömmlichen, fruchtigen Tee, der mit etwas Zitronensaft an kalten Winterabenden besonders gut schmeckt.

Wer viel Obst zum Trocknen hat, sollte angesichts der immer feuchteren Sommer die Anschaffung eines Darr-Apparates in Erwägung ziehen.

Sobald die getrockneten Obstsorten gut durchgetrocknet sind, kommen sie, jede für sich, in ein sauberes, trockenes Schraubdeckelglas (keine Blechdosen verwenden!). Es muß gut verschraubt werden, damit keine Feuchtigkeit eindringen kann. Gelagert werden die Gläser mit Trockenfrüchten kühl und dunkel in einem trockenen Vorratsraum. Von Zeit zu Zeit sollte auch nachgesehen werden, ob das Trockenobst nicht wieder Feuchtigkeit angezogen hat. In dem Fall muß es nachgetrocknet werden. Trockenobst hält sich zwar lange, sollte aber nur bis zur nächstjährigen Obsternte aufgehoben werden.

## *Bewährte Apfelsorten*

Jede Region hat ihre ganz speziellen Sorten, die den klimatischen und den Bodenverhältnissen des Stand-

**Apfelsorten**

Sommeräpfel: *Weißer Klarapfel, Stark Earliest, Vistabella, Mated, Discovery, Jereymac*

Herbst- und Winteräpfel: *Cox Orange, Französische Goldrenette, Glockenapfel, James Grieve, Gravensteiner, Summerred, Croncels, Alkmene, Oldenburg, Jakob Lebel, Gelber Bellefleur, Boskoop, Rheinischer Krummstiel, Falch's Gulderling*

Wirtschafts- und Mostäpfel: *Brünnerling, Bohnapfel, Jakob Lebel, Ongol, Blenheimer Renette, Wiltshire, Roter Trier'scher Weinapfel, Maunzenapfel, Spätblühender Taffetapfel*

*Cox Orange*

*Französische Goldrenette*

*Glockenapfel*

*Rheinischer Bohnapfel*

*In entsprechenden Ertragslagen empfehlen sich schwachwüchsige Kulturformen (hier Alkmene).*

*Die Obstanger sind zugleich Wirtschafts-, Lebens- und Gestaltungsraum und vermitteln ein Gefühl der Geborgenheit.*

orts am besten entsprechen. Lange Zeit ging die Tendenz dahin, sie zugunsten von ertragreichen Neuzüchtungen wegzurationalisieren. Doch das führte meist zu einem Verlust von Geschmack, Aroma und innerer Ausgewogenheit. Viele Sorten sind inzwischen fast verschwunden, verantwortungsbewußte Züchter bemühen sich um ihre Erhaltung.

Die Wuchskraft der Apfelsorten hängt ausschließlich von der Unterlage ab. Aus Samen gezogene Pflanzen (Sämlingsunterlagen) fruchten später, oft erst im fünften Jahr. Sie sind starkwüchsig, großkronig, robust und können sehr alt werden. Vegetativ vermehrte Edelsorten stehen auf schwachwüchsigen Unterlagen und haben eine schwächere Wüchsigkeit. In jedem Fall sind bei der Auswahl Standort, Klima und Sorte zu berücksichtigen. Sorgfältig ausgewählte und gut gepflegte Bäume bringen einem mehr Freude und Ertrag als ein wahlloses Durcheinander.

Frühsorten von Äpfeln eignen sich am besten zum Frischverzehr; wir achten immer darauf, daß mit unserem Sommerapfel „Weißer Klar“ auch die ersten Karotten erntereif sind. Sie werden dann ebenso wie die

Äpfel (Verhältnis 1:1) geraspelt und vermischt. Dieses vitaminreiche „Müsli“ eignet sich für Sommerkuren und Obsttage, wird bei uns aber auch für den Winter eingefroren. Kläräpfel ergeben auch ein feines Kompott, das man gut einmachen oder portionsweise einfrieren kann. In der Apfelzeit sollte man öfter einen Apfeltag einschalten, an dem man, über den Tag verteilt, sechs Äpfel ißt (gut kauen und mit viel Muße genießen!). Dazu werden mindestens 2 Liter Kräutertee (ohne Zuckerzusatz) getrunken.

Auch empfiehlt es sich, den Tag gleich mit einem Apfel anzufangen – noch vor dem Frühstück -, den man aber sehr gut kauen und ganz langsam essen sollte. Auch vor der Mittagsmahlzeit wirkt ein Apfel besonders günstig.

## Apfelgelee mit Wein

Wir brauchen für dieses feine Gelee *Saft aus 2 kg Äpfeln (Weißer Klar), soviel Gelierzucker wie der Saft wiegt, 2 Zitronen (unbehandelt), 1/8 l Weißwein.*

Saft und Zucker werden zum Kochen gebracht, die Zitronen abgerieben und ausgepreßt, Schale und Zitrone sowie der Wein in den inzwischen kochenden Saft gegeben. Noch einmal aufkochen lassen und gleich in Schraubdeckelgläser füllen. Die Gläser müssen sofort fest verschlossen werden. Während des Abkühlens sollten sie ein paarmal umgedreht werden.

## *Der Birnbaum als guter Geist des Hauses*

Neben den Äpfeln sind als weiteres Kernobst die Birnen besonders beliebt. Seit der Römerzeit pflanzt man Birnbäume in Europa. Reife Birnen haben nicht nur ein wunderbares Aroma und viel Süße, sie enthalten auch eine Fülle wertvoller Inhaltsstoffe, darunter Vitamine, Spurenelemente und Gerbsäuren. Birnen gelten bei Magen-Darm-Beschwerden geradezu als Diät. Man kann Birnen, wenn sie reif genug sind, wie Äpfel im Backrohr braten. Besonders köstlich schmecken Birnenhälften, die in Rotwein unter Zusatz von Stangenzimt und Nelken kurz gedünstet werden.

Winterbirnen müssen kühl gelagert werden, weil sie sonst nicht nachreifen und hart bleiben.

Geeignete Birnensorten: Boscs Flaschenbirne, Bunte Juli, Clapps Liebling, Gute Graue, Gute Luise, Gellerts Butterbirne, Pastorbirne, Scherlbirne, Speckbirne, Wasserbirne. Unter den zahllosen Sorten gibt es einige, die man besser nicht roh genießen sollte, da sie den Verdauungstrakt belasten, die aber bestens für

*Eine Birnensorte mit langer Tradition ist die Gute Luise.*

*Bei uns daheim spielten Birnen in getrockneter Form (Kletzen) eine wichtige Rolle als Zutat für die Zelten (Früchtebrot), die in Tirol zu Weihnachten in jedem Haus gebacken wurden. Eingeweichte Kletzen gab es ebenfalls zum Fest; besonders gern tranken wir Kinder das süße Einweichwasser, das „Hunkwasser“ der Birnen (Hunk = Honig); es wurde gerecht unter uns aufgeteilt.*

*Harmonie von Blumenschmuck und Obstspalier am Hof der Familie Peer in der Herrengasse in Tulfes.*

Kompott und Mus geeignet sind. Als Mostbirnen empfehlen sich: Landbirnen, Scheibelbirnen und Rotfleischige Mostbirnen.

## Quitten

Leider ist die Quitte in unseren Obstgärten nur selten anzutreffen. Dabei liefern ihre Früchte ein wunderbar aromatisches Gelee. Es besitzt viel Vitamin C und Folsäure, aber auch Gerbstoffe und Pektine. Schon in den griechischen Göttersagen ist die Quitte erwähnt, galt sie doch in vielen Kulturen als Glücks-, Liebes- und Fruchtbarkeitssymbol.

Quitten haben ein besonders großes Wärmebedürfnis, und sie lieben kalkreiche Böden. Am günstigsten ist, wenn sie auf Weißdorn veredelt werden. Es gibt birnenförmige Quitten mit weichem und apfelförmige Quitten mit hartem, aber sehr aromatischem Fruchtfleisch.

## Kirschen

Die verregneten Sommer 1996 und 1997 haben einen gravierenden Rückgang der Kirschenkulturen zur Folge gehabt. Die Kirsche reagiert unter allen Obstbäumen im Obstanger am empfindlichsten auf Klimaveränderungen und negative Umwelteinflüsse, sie kann uns geradezu als Bio-Indikator dienen. Es kommt also darauf an, besonders robuste Sorten zu wählen und der Kirsche einen besonders günstigen Standort zuzuweisen.

Kirschen schmecken frisch am besten. Aber ich erinnere mich, daß meine Mutter sie uns zur Kirschenzeit gelegentlich unter das Türkenkoch mischte. Sie wurden einfach vor dem letzten Umrühren zugefügt und jeder von uns versuchte natürlich, soviele Früchte wie möglich zu erwischen.

Geeignete Süßkirschensorten sind: Große schwarze Knorpelkirsche, Salvenkirsche, Hedelfinger Riesenkirsche, Schneiders Späte Knorpelkirsche, Kassins Frühe Herzkirsche, Früheste der Mark.

Als Ersatz für einen Kirschbaum kann aber auch eine Schattenmorelle dienen, die wir am besten an einer wetterseitigen Hauswand als Spalier kultivieren.

## Pfirsiche und Nektarinen

Die köstliche Frucht, die einst aus dem Fernen Osten zu uns gekommen ist, braucht viel Wärme sowie einen wetter- und windgeschützten Platz. Wir müssen ihr also im Garten einen Standort mit entsprechendem Kleinklima reservieren. Besonders günstig ist natürlich ein Platz an der Hauswand, wo Pfirsich und Nektarine am Spalier bestens gedeihen.

Die oft von weither importierten und in den Geschäften angebotenen Früchte werden meist unreif geerntet, und sie reifen in Kühlhäusern und Lagerräumen der Geschäfte nicht mehr richtig nach. Wer nie frisch vom Baum gepflückte, reife Pfirsiche gegessen hat, kann sich ihren Wohlgeschmack und ihr Aroma kaum vorstellen.

## *Marillen (Aprikosen)*

Marillen, die ebenfalls aus dem Fernen Osten stammen und im Mittelalter in vielen Klostergärten gezüchtet wurden, gelten als besonders wertvolle Früchte, die sich wegen ihrer gesundheitsfördernden Inhaltsstoffe geradezu als Kurfrüchte eignen. Wegen des hohen Eisengehalts und des Beta-Karotins gilt die Marille als heilwirksame „Frauenfrucht", sie wird aber auch kurmäßig zur Gicht- und Rheumabehandlung sowie zur Entwässerung eingesetzt.

Traditionell waren die klassischen europäischen Anbaugebiete für Marillen der Vintschgau, die Wachau, das Elsaß, Böhmen und Mähren sowie die Ungarische Tiefebene. Die dankbarste und robusteste Sorte ist bis heute die „Ungarische Beste".

*Die Bühler Hauszwetschge eignet sich zum Backen, Einkochen und zum frischen Verzehr.*

In rauheren Lagen gedeihen sie am besten an einer geschützten Hauswand, speziell mit Morgensonne. Ein Marillenspalier sieht zur Blütezeit, aber auch im Schmuck der reifenden Früchte wunderschön aus; es schafft eine besonders einladende Fassade.

Reife Marillen schmecken am besten frisch, lassen sich aber auch sehr gut trocknen und portionsweise tiefgefrieren. Köstlich ist Marmelade aus Marillen, die nur kurz (20 Minuten) gekocht zu werden brauchen. Auch getrocknete Marillen ergeben zusammen mit Rhabarber eine feine Marmelade.

## *Zwetschgen (Zwetschen)*

Ein Zwetschgenbaum sollte im Obstanger auf keinen Fall fehlen, liefert er doch süße, saftige Früchte, die sich auf vielfältige Weise im Herbst und Winter verwenden lassen. Zwetschgen schmecken frisch vom Baum, am besten im Stadium der Vollreife, wenn sie am Stielende bereits ein wenig zu schrumpeln beginnen. Sie sind aber auch vielseitig verwendbare Trockenfrüchte (siehe Seite 75). Sie schmecken süß oder süßsauer eingelegt und ergeben herzhafte Marmeladen.

Gute, bewährte Sorten sind Wangenheims Frühzwetsche, Lützelsachser Frühzwetsche, The Czar, Große Grüne Reneklode und die gute alte Hauszwetsche. Letztere ist eine sehr gute Einmachfrucht.

### Zwetschgenmus

Für dieses bewährte Rezept brauchen wir *3 kg reife Zwetschgen*, die entsteint und geviertelt werden.

Ferner werden benötigt:

*500 g Zucker, 1 Teel. gemahlener Zimt, 1 Teel. Nelkenpulver.*

Die Zwetschgen kommen zusammen mit Zucker und Gewürzen auf die gründlich gesäuberte Fettpfanne. Wir schieben sie ins Backrohr und lassen die Zwetschgen bei etwa 160-170°C mindestens 2 Stunden eindünsten. Das Mus soll auf keinen Fall umgerührt werden. Wenn man sehr süße Zwetschgen hat, kann auf Zucker ganz verzichtet werden, das Einkochen dauert dann aber weitere 2–3 Stunden.

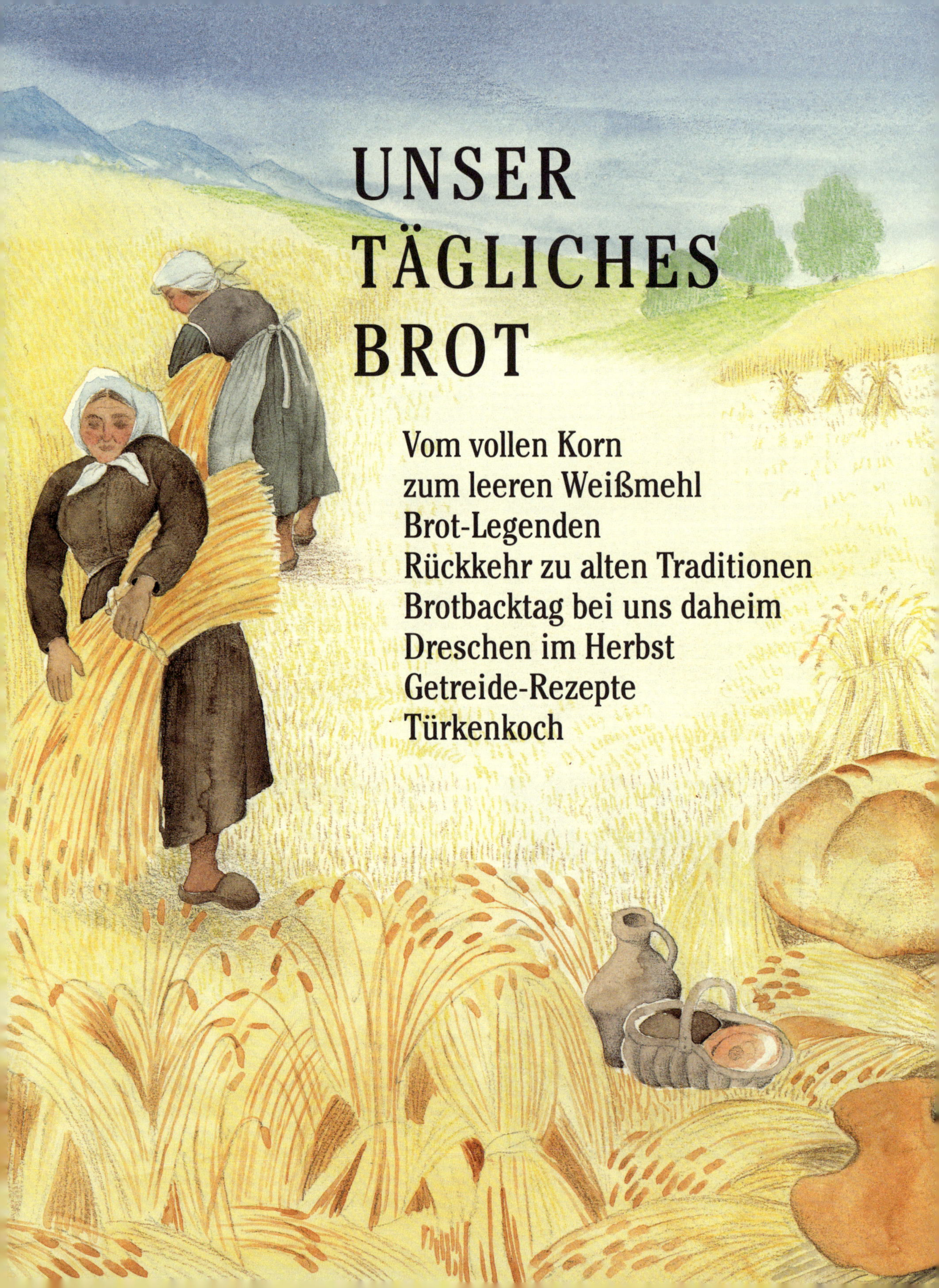

# UNSER TÄGLICHES BROT

Vom vollen Korn
zum leeren Weißmehl
Brot-Legenden
Rückkehr zu alten Traditionen
Brotbacktag bei uns daheim
Dreschen im Herbst
Getreide-Rezepte
Türkenkoch

# Unser tägliches Brot

Nach uraltem Volksglauben steckt die Seele des Hauses im selbstgebackenen Brot. Brot war ja zugleich das Symbol für Familie und Ehe. Wie uns das Vaterunser lehrt, wurde Brot gleichgesetzt mit der täglichen Nahrung. Noch im Althochdeutschen bedeutete „Brot“ soviel wie Speise, Nahrung. Bei allen Völkern, die Ackerbau trieben, galt Brot als das kostbarste Produkt aus dem Getreidekorn, als Symbol der Kraft und als Quell des Lebens.

Eine Vorstufe des gebackenen Brotes war der Brei oder das Mus aus Getreide. Erst seit die Germanen den Brei in heißer Asche zu Fladen rösteten, sprach man von Laib. Dieses Wort bezeichnete zunächst nur das ungesäuerte Brot. Das Wort „Brot“ aber war ursprünglich die Bezeichnung für das Gärmittel, den Sauerteig; doch im Laufe der Zeit kam es zum Bedeutungswandel, und schließlich hieß das aus Getreide und Sauerteig hergestellte Backwerk Brot.

## Grundnahrungsmittel Getreide

Seit die Menschen seßhaft sind, spielt der Getreideanbau bei der Beschaffung von Nahrungsmitteln eine wichtige Rolle. In unseren Breiten ist er seit dem 5. Jahrtausend vor Christus bezeugt. Aus der Bronze- und Eisenzeit stammen Funde von Dinkel und Roggen.

Natürlich mußten die durch Getreidekultur gewonnenen Körner auch noch weiterverarbeitet werden. Was nicht in die Vorratsbehälter und -kammern kam, wurde zerstoßen, zerrieben, gemahlen und in Form von Schrot und Mehl weiterverarbeitet.

Mit dem Getreideanbau hatten sich die Menschen ein energiereiches, kraftspendendes Lebensmittel erschlossen. Die inhaltsreichen Körner enthalten nämlich außer den lebenswichtigen Grundnährstoffen (vor allem Kohlenhydraten) auch Mineralstoffe, Vitamine und Spurenelemente. So wurde das Getreide im Lauf der Zeit in fast allen Ländern unserer Erde zum Grundnahrungsmittel.

*Ein wogendes Getreidefeld mit buntem Blumen-Unterwuchs ist eine Augenweide und wertvoller Lebensraum für Insekten.*

## Vom vollen Korn zum leeren Weißmehl

Das Getreidekorn birgt also nicht nur einen Schatz von lebensnotwendigen Substanzen, sondern es enthält sie auch in absolut harmonischer Zusammensetzung. Alle Inhaltsstoffe ergänzen sich gegenseitig. Deshalb ist es so wichtig, daß wir Produkte aus dem „vollen Korn“ zu uns nehmen, ganz gleich, ob es dabei um Weizen, Dinkel, Roggen, Hafer, Gerste oder eine andere Getreideart geht.

Doch die Zivilisation hat die Menschen und ihre Ansprüche seit den frühen Tagen des Getreideanbaus verändert; sie hatten eines Tages das volle Korn, ihr Hauptnahrungsmittel, satt und trachteten nach Feinerem. Weißes Mehl sollte es sein, und aus dem weißen Mehl wollten sie weißes Brot backen. Schon bald galt es als Zeichen besonderen Wohlstands, wenn man die „feineren“ Weißmehlprodukte auf den Tisch brachte.

So hatten eines Tages die Getreidemüller ausgedient, ihre Handwerkskunst war nicht mehr gefragt. Die Erzeugung von Getreideprodukten wurde immer weiter industrialisiert. Um das massenhaft zu Mehl gemahlene Getreide haltbar zu machen, mußten die inhaltsreichen Randschichten der Körner und vor allem auch der Keimling entfernt werden.

Bei diesem Verfahren gehen dem Mehl aber nicht nur Eiweiß, Fett und Vitamine sowie viele Mineralstoffe verloren, sondern auch die Zellulose aus der äußeren Schicht der Fruchtschale, die wir für die Verdauung so notwendig brauchen. Was in Form von blütenweißem Mehl zurückbleibt, sind Stärke und Klebereiweiß. Das Mehl ist also leer geworden.

## Brot-Legenden

Immer schon galt das Brot als Gottesgabe, an der man sich nicht versündigen darf. Brot war unseren Vorfahren so heilig, daß man in seiner Gegenwart nicht fluchen durfte. Aus Brotkrumen Kugeln zu formen und mit ihnen herumzuspielen, galt als eine Entweihung. Denjenigen, der auf ein Stück Brot trat, sollte nach altem Glauben bald ein Unglück treffen. Es gibt die Sage von den Hirtenbuben, die das schwarze Hausbrot besudelt und geschlagen haben und als Strafe zu Stein wurden. Bei uns in Tirol aber sagt man den Kindern: Schenkt die Brosamen den Armen, damit es Euch nicht geht wie der Frau Hitt. Die hatte einst ihr Kind mit Brosamen reinigen lassen, und die Strafe folgte auf dem Fuße. Sie ist versteinert und sitzt noch immer oben in der Nordkette über Innsbruck. Brot, das man geschenkt bekommt, muß man aufessen, für geliehenes Brot darf man sich nicht bedanken. Ein Stück gefundenes Brot gilt in Böhmen und in Tirol als segenspendend, sobald man ein Kreuz darüber geschlagen hat. So wichtig uns das Brot bis heute sein muß, so ist doch Skepsis erlaubt, wenn man in einem alten Buche liest: „Schimmliges Brot macht ... reich und alt, schafft weiße Zähne, eine gute Stimme, helle Augen, bringt Geld und Segen ins Haus und heilt Krankheiten." Vermutlich ging es darum, daß selbst verdorbenes Brot nicht einfach weggeworfen wurde. Bei den Pustertaler Wildschützen gab es einst den Brauch, gemeinsam das „Lammlbrot" zu essen, um kugelfest zu werden. Dazu wurde Hausbrot mit dem Blut eines Lamms verknetet, das während der Christmette abgestochen worden war.

*Hier wird Fladenbrot für die Familie gebacken.*

## Rückkehr zu alten Traditionen

Zum Glück finden heute immer mehr Leute zu der Erkenntnis, daß das Korn eine Gabe der Natur ist, die der Mensch nicht manipulieren soll. In immer mehr Küchen hat die Getreidemühle einen festen Platz gefunden. Unsere Vorfahren wußten noch, was sie an ihrem kernigen dunklen Brot hatten.

## Brotbacktag bei uns daheim

Meine Mutter versorgte unsere große Familie natürlich mit selbstgebackenem Brot. Bei uns, aber sicher auch in anderen Familien, war der Brotbacktag ein ganz besonderer Tag. Schon die Vorbereitung lief nach einem genau festgelegten, fast feierlichen Ritual ab. Vor allem die Mutter hatte alle Hände voll zu tun, es lag Spannung und sogar eine leichte Gereiztheit, vor allem aber große Erwartung in der Luft. Die Backofenscheiter – 28 Stück mußten es für einen Brotbacktag sein – lagen bereit. Am Vortag hatten wir frische Tannenzweige aus der Schaftrud (dem Wald hinter unserem Haus im steilen Grabengelände) gebracht. Der Backgrand, die Teigtruhe, wurde vom Söller in die Stube geholt. Die genau ausgerechnete Menge Mehl kam hinein und wurde schon „angehefelt".

Am Backtag lief alles wie am Schnürchen. Der Brotteig wurde geknetet und mußte dann rasten. Anschließend formte die Mutter Laibe daraus und legte sie auf das mit einem Leinentuch bedeckte Backbrett. Mit viel Geschick und Routine hat sie dann die Laibe in den Backofen „eingeschossen".

Wenn die Brote heiß und duftend aus dem Backofen kamen, warteten wir Kinder schon ungeduldig, und es kann in meiner Vorstellung nichts Köstlicheres geben, als ein frisches Brot, in das die Mutter mit dem Messer das Kreuz ritzte und das dann aufgeschnitten und mit frischer Butter bestrichen wurde.

## *Die Getreidearten und was sie uns bieten*

WEIZEN. Wer kurz vor der Erntezeit am Rand eines goldenen Weizenfeldes steht, der mag wohl glauben, was schon die alten Ägypter wußten: Weizen ist ein Geschenk Gottes und der Sonne. Seit Jahrtausenden dient Weizen den Menschen als Grundlebensmittel. Er ist das wichtigste Brotgetreide der Welt und macht sich auf riesigen Anbauflächen breit. In rund 200 Arten wird Weizen auf allen Kontinenten angebaut. Er stellt hohe Ansprüche an den Boden, hat dafür aber

*Eine junge Schnitterin bei der Ernte im Kornfeld.*

auch eine Menge wertvolle Inhaltsstoffe zu bieten, nämlich außer den Grundnährstoffen (Kohlenhydrate, Eiweiß und Fett) auch Kalium, Phosphor und Magnesium sowie verschiedene wichtige Vitamine.

In unserer Vollwertbackstube ist Weizen übrigens das wichtigste Getreide. Wir brauchen für unsere Familie pro Jahr etwa 75 Kilogramm, vom Dinkel sogar 125 Kilogramm. Natürlich beziehen wir ihn aus biologischem Anbau.

Der hohe Anteil an Klebereiweiß im Weizen sorgt dafür, daß das Mehl quellfähig ist und das fertige Gebäck eine hohe Elastizität hat. Doch mit dem, was aus dem Backofen kommt, ist es beim Weizen nicht getan. Geschrotete Weizenkörner passen in jedes Frühstücksmüsli, man kann sie für Breie und Kochs, für Suppen und Salate verwenden. Dank der hohen Keimfähigkeit kann man aus Weizen auch vitaminreiche Keime selber ziehen, mit denen vor allem im Winter die Salate angereichert werden

**Korn aus biologischem Anbau**

*Wer selber Brot backt und auch sonst viel Getreide im Haushalt braucht, achtet natürlich darauf, daß es nicht mit Schadstoffen belastet ist. Wir kaufen unseren Bedarf bei Bauern, die biologisch wirtschaften. Bei uns in Österreich muß man da heute Gott sei Dank nicht mehr lange suchen, weil inzwischen mehr als die Hälfte aller Landwirte nach biologischen Prinzipien, also ohne Einsatz von chemischen Pflanzenschutz- und Düngemitteln, arbeiten. Trotzdem ist es wichtig, daß man einen Erzeuger seines Vertrauens findet und bei ihm dann regelmäßig bezieht. Damit ist dem bäuerlichen Betrieb geholfen, der sich mit der Zeit einen festen Kundenstamm aufbauen kann, aber auch dem Verbraucher. Natürlich bekommt man – das möchte ich den Stadtleuten sagen – in Naturkostläden ebenfalls Getreide in guter Qualität und aus biologischem Anbau. Daß es etwas mehr kostet, ist verständlich.*

*Die in jeder Talschaft verschiedenen „Troadmandl“ oder Schöber sind Gestaltungselemente der Landschaft.*

Diese Getreideart wird natürlich nicht nur zu Mehl und dann weiter zu Brot und Feingebäck verarbeitet, sondern auch zu Grieß und Schrot und Stärke. Weizen ist außerdem die Hauptzutat für Pizza und Pasta, die auch bei uns immer beliebteren Nudelgerichte.

Ohne Weizen und die Produkte, die aus ihm entstehen, geht in der häuslichen Backstube fast gar nichts, und auch beim Kochen sind Mehl und Grieß einfach unverzichtbar.

DINKEL. Der Dinkel oder Dinkelweizen, ebenfalls ein Getreide mit langer Tradition, war in den Jahrzehnten nach dem Zweiten Weltkrieg ganz aus der Mode gekommen. Er macht nämlich den Bauern, die ihn erzeugen, aber auch den Müllern einiges zu schaffen. Seine Körner fallen nicht schon beim Dreschen aus den Spelzen, man nennt ihn daher auch Spelzweizen. Außerdem liefert er keine so hohen Erträge wie manche modernen Weizenarten. Nur in Österreich und in Süddeutschland gab es noch Bauern, die sich vom Dinkelanbau nicht abschrecken ließen – auch nicht in den Jahrzehnten, als das Schlagwort in der Landwirtschaft „Ertragssteigerung“ hieß.

*In Oberbayern glaubt man, daß kein Unkraut im Feld aufkommt, wenn der Hafer bei zunehmendem Mond angebaut wird. Anderswo sät man ihn am liebsten bei Neumond aus, weil dann das Stroh nicht so leicht knickt und zusammenfällt. Am Stephanitag bewarfen die Burschen die Mädchen mit Haferkörnern; mit diesem „Stefeln" sollte an die Steinigung des Märtyrers erinnernt werden. Doch der Hafer galt auch als ein Symbol der Fruchtbarkeit.*

Dinkel mit seinen typischen viereckigen Ähren hat mehr pflanzliches Eiweiß, mehr Rohfett und vor allem mehr Rohfaser zu bieten als der Weizen. Außerdem liefert er die Mineralstoffe Phosphor und Kalzium und ist besonders gut verdaulich.

Inzwischen haben sich viele Erzeuger wieder auf die Wünsche der Verbraucher nach Dinkelweizen eingestellt. Das immer beliebter werdende Getreide wird inzwischen von vielen Bio-Bauern mit Erfolg angebaut.

In Back- und Kochrezepten kann man Weizen ganz oder teilweise durch Dinkel ersetzen, der nicht nur inhaltlich so wertvoll ist, sondern auch einen besonders aromatischen Geschmack nach Nüssen hat. Deshalb schmeckt er auch im Frühstücksmüsli so fein.

**GRÜNKERN.** Beim Grünkern handelt es sich eigentlich um Dinkel, allerdings werden die Körner frühzeitig, also noch während der Milchreife geerntet. Sie sind also das Jungstadium des Dinkels. Ihr Stärkekern ist beim Schnitt und beim Dreschen noch ganz weich und zart. Damit der Grünkern noch aromatischer und vor allem haltbar wird, trocknet man die Körner noch in der Ähre und drischt sie danach erst aus. Sie erinnern im Geschmack an geröstete Nüsse.

Grünkern schmeckt in Kuchen und Fladen, im Käsegebäck und in Pizzaböden besonders würzig; man kocht ihn auch wie den Reis mit Milch zu einem Brei.

**HAFER.** Hafer bietet als Frostkeimer den großen Vorteil, daß er sich auch für den Anbau in Regionen eignet, in denen es lange und strenge Winter gibt. Sogar in höheren Bergregionen (bis 1800 Meter) konnten die Bauern noch mit guten Hafererträgen rechnen.

Zu den Vorfahren unserer Hafersorten gehört wahrscheinlich der Flughafer, der ganz zu Unrecht als Unkraut verschrien ist, weil er sich auf brachliegendem Land ausbreitet.

Hafer hat einen hohen Fettanteil, außerdem enthält er viel wertvolles Eiweiß und Vitamine, vor allem das wichtige Vitamin B, außerdem Kalium, Magnesium, Phosphor und Kalzium.

Wir überlassen also den Hafer nicht nur den Pferden, sondern nutzen ihn in unserer Vollwertküche in Form von Haferflocken, Haferschrot und Hafermehl. Wer viel Hafer ißt, tankt auch viel Energie und Kraft, daher die Redensart „Den sticht der Hafer", wenn ein Mensch besonders aktiv und übermütig ist.

**ROGGEN.** Seit dem Jahr 300 nach Christus ist der Roggen aktenkundig. Im Norden und Osten Europas wurde er bald zum Grundnahrungsmittel. Einige Sorten können sowohl im Herbst (Winterroggen) als auch im Frühjahr (Sommerroggen) angebaut werden. Nach altem Brauch sind Wassermann, Jungfrau, Schütze und Fische gute Zeichen für die Roggenaussaat.

*Der Feldkasten (Troadkasten), ein Getreidespeicher, beherbergte das Brotgetreide der Familie.*

*Fast überall ist die Blütenpracht der Weide, die „Naturegart" heißt, ein Opfer der Intensivierung geworden.*

Im Alpenland galt Roggen lange Zeit als das Brotgetreide schlechthin. Eine besondere Roggensorte, der Sankt Johanner Winterroggen, war ein Gemenge aus kurz- und langhalmigen sowie kurzen, dicken und schlanken, langen Ähren. Wenn von einem Feld das Grummet geerntet worden war, kam Stallmist als Dünger darauf, und es wurde Herbstkorn angebaut. Die Ziegen durften noch im Spätherbst die Bestockung kräftig verbeißen. Um Bartholomä (24. August) säte man dann den Roggen aus. Im Frühjahr mußte die Fläche vor Wild und Kunterfraß (durch Ziegen und Schafe) geschützt werden. Wenn es keine Unwetter gab, konnte im Hochsommer (nach der Egartmahd, dem ersten Schnitt im Dauergrünland) die Ernte eingebracht werden. Fleißige Schnitterinnen waren dabei mit ihren Sicheln am Werk, die besten konnten feste Garben binden, andere nur ein lockeres Gebinde zustandebringen. Die Getreidemandel wurden aufgestellt. Wir Kinder wurden zum Ährenklauben angehal-

**Über den Roggen**

*Beim Hochzeitszug werden Roggenkörner als Symbol der Fruchtbarkei über die Brautleute geworfen.*
*Roggenähren gelten als Glücksbringer. Bevor man in ein neues Haus einzieht, wird es gesegnet; dabei diente früher vielerorts ein Roggenbüschel als Weihequast.*
*Früher ackerte der Bauer im Frühjahr die Roggenähren, die den Winter über hinter dem Kreuz im Herrgottswinkel steckten, in die erste Furche ein.*
*Die Volksmedizin hat Roggen als Vorbeugungsmittel gegen Fieber, Halsweh, Zahnschmerzen, Sodbrennen empfohlen; aber auch gegen den Biß von Schlangen und wildgewordenen Hunden sollte er gut sein – wie immer man sich das vorstellen mag.*

## Dreschen im Herbst

*Die Technik kommt aufs Land; die Dreschmaschine 1933 in Sautern bei Schlierbach.*

Die Garben waren längere Zeit auf dem Hochboden gelagert und nachgetrocknet worden. Dann kam die Schwerstarbeit des Herbstes. Rund ums Dreschen – ursprünglich mit Dreschflegeln, später mit der Dreschmaschine – gab es vielerlei Bräuche. Alle mußten zusammenhelfen, viele Hände wurden gebraucht, in manchen Gegenden waren gleich mehrere Höfe oder ein ganzes Dorf im Gemeinschaftseinsatz. Meine Mutter hat mir oft erzählt, daß sie am letzten Samstag im Oktober noch voll im Drescheinsatz war, bevor ich dann am Abend um 10 Uhr das Licht der Welt erblickte.

ten; wer viel zusammenbrachte, durfte mit einem größeren Weihnachtszelten rechnen. Nach dem Einbringen des Korns folgte die Halmmahd (der verbliebene Aufwuchs wurde mit der Sense geschnitten).

Was dann aufwuchs, ergab das „Neugras" oder die „Naturegart", die Herbst- oder Kirchtagsweide, zu der die Rinder mit festlichem Glockengebimmel getrieben wurden. Sie war ein Höhepunkt des Bauernjahres. Im kommenden Frühjahr aber zeigte sich diese Weide von ihrer prächtigsten Seite, war sie doch über und über mit wilden Stiefmütterchen und anderen auf unseren Wiesen selten geworden Blumen bewachsen.

Der Roggen hat uns als Brotgetreide eine Menge zu bieten. Vor allem sein Kaliumgehalt ist beachtlich, aber er enthält auch andere Mineralstoffe wie Magnesium, Phosphor und Eisen sowie Vitamine.

Roggenbrot zu backen, ist schon eine besondere Kunst, denn es kommt darauf an, daß der Teig richtig behandelt und die Gärung entsprechend gesteuert wird. Das Brot soll eine feste Rinde haben und beim Anschnitt leicht feucht sein.

Man muß Roggenbrot sehr gut kauen, damit es leichter verdaut werden kann. Sein Vorteil, es läßt sich viel besser aufbewahren als andere Brote, und es schmeckt auch nach ein paar Tagen noch genausogut wie frisch.

GERSTE. Gerste dient seit altersher nicht nur zum Backen und Kochen, sondern vor allem zum Bierbrauen. Da auch dieses Getreide viele Mineralstoffe und Vitamine enthält, wird es sogar als Heilmittel eingesetzt. Bei Magenproblemen zum Beispiel kann eine Gerstenschleimsuppe die Beschwerden lindern.

Wintergerste wird allerdings fast ausschließlich als Futtermittel angebaut, während die Sommergerste nicht nur für die Bierbrauerei verwendet wird, sondern zu einem kleineren Teil auch für Getreidekaffee und Gerstenflocken.

Nicht zu vergessen die Rollgerste oder Graupen, aus denen man kräftige, würzige Suppen kochen kann. Es handelt sich dabei um geschälte und polierte Gerstenkörner.

Nach der Volksmeinung muß man die Gerste im Neumond oder bei zunehmendem Mond, am besten vormittags, aussäen.

**Gersten-Bräuche**

*Mancherorts schützt man das Vieh vor Krankheit und Seuchen, wenn man es in der Christnacht mit Gerstenstroh füttert.*

*Am Karfreitag zieht man mit einer Ackerkette noch vor Sonnenaufgang einen Kreis und streut Gerste hinein. Wenn die Hühner die Gerste aufpicken, holt der Fuchs in dem Jahr keine Hennen mehr. Ob diese Maßnahme wohl auch bei unseren Laufenten funktioniert?*

Bei uns daheim gab es mittags immer Gerstensuppe. Wir Kinder mußten dabei kräftig zulangen, damit wir stark würden und uns die „Lamplgeier" (Adler) nicht wegtragen könnten. Die großen Greifvögel waren damals noch nicht so selten wie heute, und uns schauderte bei der Vorstellung, ein Adler könnte statt eines Lamms auch einmal ein Kind greifen.

*Die alte Mühle am rauschenden Bach hat heute wohl allerorts ausgeklappert.*

## Gerstensuppe

Sie wird auch Graupensuppe genannt und aus Rollgerste zubereitet. Wir brauchen dazu *150 g Rollgerste (Graupen) und 50 g weiße Bohnen*. Sie werden mehrere Stunden in Wasser eingeweicht.

Außerdem werden benötigt:

*1 Stange Lauch (Porree), 1 geschälte Karotte, 1 Eßl. Selleriestückchen, 50 g Räucherspeck oder 1 Stück Speckschwarte, Salz, Pfeffer, 2 Eßl. gehackte Petersilie.*

Gerste und Bohnen werden bei schwacher Hitze halbweich gekocht, bevor wir den geputzten und in Scheiben geschnittenen Lauch, Karottenscheiben, Selleriestückchen und den Räucherspeck oder die Schwarte in die Suppe geben. Sie wird gesalzen und gepfeffert und dann weitergekocht, bis Rollgerste und Bohnen weich sind. Zum Schluß Petersilie auf die Suppe streuen.

HIRSE. Seit dem Mittelalter wurden in unseren Breiten aus Hirse Brote und Fladen gebacken, und vor allem bereitete man daraus einen nahrhaften Brei.

Obwohl die Hirse kaum Ansprüche an den Boden stellt und auch in trockenen Regionen gedeiht, ist der Anbau in diesem Jahrhundert bei uns stark zurückgegangen. Erst in neuerer Zeit besinnt man sich wieder auf die Qualitäten der Hirse. Man kann aus ihr nicht nur schmackhafte Gerichte zubereiten, sie enthält auch eine Menge wertvolle Inhaltsstoffe, wie Phosphor, Magnesium, Eisen sowie Kieselsäure und Vitamin B.

Hirsemehl macht alle Backwaren knuspriger. Beim Backen von Keksen sollte man deshalb immer auch etwas Hirsemehl in den Teig geben.

BUCHWEIZEN. Er gehört gar nicht zur großen Getreidefamilie, sondern die kantigen, hellbraunen Körner sind die Früchte eines Knöterichgewächses, das schon die alten Germanen gekannt und als Lebensmittel genutzt haben.

Buchweizen ist eine anspruchslose Pflanze, die selbst in großen Höhen, also auch in unseren Bergregionen zur Reife kommt. Andererseits liefert sie sogar auf sandigem Heideboden noch gute Erträge. Nach altem Volksglauben soll man Buchweizen, damit er gut gedeiht, am Urbanstag (25. Mai) oder am Siebenschläfertag (27. Juni) aussäen, und zwar möglichst bei Mondschein.

Wie die verschiedenen Getreidearten enthält Buchweizen reichlich Mineralstoffe, aber auch einen pfefferartigen Wirkstoff (Amin); deshalb soll man nicht zuviel auf einmal davon essen. Für Suppen, Grützen und Koche nimmt man Buchweizenschrot. Aber auch das Mehl spielt in der Vollwertküche eine wichtige Rolle. Es eignet sich vor allem für feines Gebäck, das besonders locker und leicht werden soll.

## Getreide in unserer Vollwertküche

Der richtige Umgang mit den Getreidevorräten will gelernt sein. Schon beim Einkauf des Korns im Spätherbst achten wir darauf, daß es gut getrocknet ist, bevor es in die Vorratskammer kommt.

**Brot-Opfer**

*Zu den Rauhnächten brachte man in heidnischer Zeit den Seelendämonen Fruchtbarkeitsopfer in Form von Brot dar. Aus den Dämonen wurden später die Perchten, Frau Holle u.a. In christlicher Zeit spielten dann die Heiligen Drei Könige die Rolle der drei Nornen. Was früher den Hausgeistern gebührte, nämlich Brot und Wasser, stellte man seither den drei Königen hin.*

*Als Opfer für die Vegetationsdämonen wischt in Tirol und Mähren die Bäuerin die mit Brotteig verklebten Finger an den Bäumen ab. Wenn man den Geistern nämlich kein Brot anbietet, rächen sie sich mit allerlei bösem Zauber, und es gibt Mißernten, so glaubt man.*

*Bei der Ernte von Korn wird in die erste und die letzte Garbe Brot eingebunden.*

*In Kärnten ließ der Bauer für die Saligen ein paar Ähren liegen; diese backen daraus ein Brot, das niemals ausgeht.*

*Bei Weideschluß auf der Alm bleiben für die Vegetationsgeister Brot, Milch und Käse zurück, damit sie einem nicht übelwollen.*

*Der Getreidevorrat und eine formschöne Osttiroler Getreidemühle schaffen hier Atmosphäre.*

*Letzte Saatbeetvorbereitungen, bevor der Anbau beginnt.*

Getreide muß an einem trockenen, luftigen Platz lagern. Im Laufe des Winters und bei anhaltend feuchter Witterung sollte man die Vorräte öfter kontrollieren und in der Lade oder dem Sack mit den Körnern das Unterste nach oben bringen. Im Keller kann man Getreide nicht über längere Zeit aufheben. Wer keinen Speicher, keine luftige Vorratskammer hat, sollte nicht zuviele Körner auf einmal kaufen. Einige Kilo kann man nämlich problemlos in der Küche lagern.

Natürlich mahlen wir immer nur soviel Getreide, wie wir an diesem Tag verbrauchen. Sind die Körner nämlich erst einmal durch das Mahlwerk gegangen und zerstoßen, werden die wertvollen Vitalstoffe und auch die Aromastoffe freigesetzt. Außerdem sind ja selbstgemahlenes Mehl und Schrot nicht vorbehandelt; sie enthalten (zum Glück!) noch alles, was sie leicht verderblich macht, vor allem den Keim, dessen Fettbestandteile schnell ranzig werden können.

## *Rezepte für Brot, Strudel, Semmeln*

In unserer Familie kommt nur selbstgebackenes Brot auf den Tisch, und natürlich wird darauf geachtet, daß es in einer günstigen Mondphase gebacken wird. Wie auch sonst im Garten und im Haus achten wir auf die kosmischen Rhythmen. Als günstige Brotbacktage haben sich die Frucht- und Blütetage, das sind die Tage von Wärme und Licht, bewährt.

### Brot mit Sauerteig

Wir backen Brot aus *1 kg Roggen, 1 kg Weizen, 100 g Leinsamen und Sauerteig* und achten darauf, daß während der Backzeit die Küche gleichmäßig warm ist.

Am Vorabend wird der Roggen geschrotet. 300 g Schrot verrühren wir mit dem Sauerteig (Rezept für

Sauerteig im Band „Vom Umgang mit den Zeichen der Natur"). Das übrige Roggenmehl wird mit dem Leinsamen vermischt und mit lauwarmem Wasser zu einem weichen Vorteig verrührt.

Was wir sonst noch brauchen:

*Lauwarmes Wasser, 4 Teel. Meersalz, Brotgewürz (Koriander, Kümmel, Anis), Fett für das Backblech.*

Am nächsten Morgen schroten wir den Weizen. Vom Sauerteig kommt ein Drittel in ein Schraubdeckelglas und wird bis zum nächsten Brotbacktag im Kühlschrank aufgehoben.

Wir verkneten den geschroteten Weizen mit dem zum Vorteig angesetzten Roggen, dem Sauerteig, lauwarmem Wasser, Meersalz und Gewürzen zu einem mittelweichen Teig. Wenn er gut durchgearbeitet ist, muß er etwa 4 Stunden zugedeckt gehen. Anschließend wird er nochmals durchgeknetet und für eine weitere Stunde zum Gehen beiseitegestellt. Dann werden drei Laibe geformt. Nach einer weiteren halben Stunde Gehzeit kommen sie in den auf 220°C vorgeheizten Backofen. Nach einer halben Stunde schalten wir die Hitze auf 180°C zurück und backen die Brote eine weitere halbe Stunde. Der Backofen wird ausgeschaltet, die Brote bleiben aber noch 15 Minuten darin, bevor wir sie herausnehmen und abkühlen lassen.

## Kräuterbrot

*750 g Weizen* werden für dieses mit vielen guten Zutaten gebackene, würzige Brot gemahlen.

Außerdem benötigen wir:

*1 Teel. Kräutersalz, 30 g Germ (Hefe), 50 g Butter, 1/8 l Rahm (Sahne), 250 g Topfen (Quark), 1 mittelgroße Zwiebel, 2 Knoblauchzehen, 3 Eßl. feingehackte frische Kräuter (Petersilie, Dill, Thymian, Schnittlauch), Fett für das Backblech.*

Das Weizenmehl wird auf das Backbrett geschüttet, das Salz und die Germ darübergestreut. Wir verrühren weiche Butter, Rahm und Topfen gut miteinander. Zwiebel und Knoblauchzehen werden geschält, ganz fein gehackt und zusammen mit den gehackten Kräutern in die Masse gerührt. Diese wird dann mit dem Mehl zu einem Brotteig verknetet, der zugedeckt eine halbe Stunde gehen muß. Wir kneten den Teig noch einmal gut durch und lassen ihn ein zweites Mal eine halbe Stunde gehen. Dann formen wir einen Brotlaib, legen ihn auf das gefettete Backblech und geben ihn in den auf 220°C vorgeheizten Ofen; nach 20 Minuten die Backhitze auf 180°C zurückschalten und das Brot noch etwa 45 Minuten backen.

## Tiroler Speckbrot

*500 g Weizen* werden für dieses Brot, das zum Beispiel gut zu einer großen Schüssel Salat schmeckt, fein gemahlen.

Außerdem brauchen wir weitere Zutaten:

*30 g Germ (Hefe), 1/2 Teel. Salz, 150 g Räucherspeck, 40 g Butter, 1 Ei, 1 Tasse Milch, 1 Eßl. gehacktes Basilikum, Fett für das Backblech, 1 Eidotter.*

Das Mehl wird auf dem Backbrett oder der Arbeitsplatte mit Salz gewürzt. Wir schneiden den Speck in winzige Würfel, braten ihn in einer Pfanne kurz an und geben die abgekühlten Würfel samt dem Speckfett mit den übrigen Zutaten zum Mehl. Aus dem Ganzen wird ein schöner, glatter Teig geknetet, der zugedeckt eine halbe Stunde gehen muß. Wir kneten ihn noch einmal durch und lassen ihn eine weitere halbe Stunde gehen. Dann wird daraus ein Laib geformt und auf das Backblech gelegt. Im vorgeheizten Backrohr (220°C) muß das Speckbrot 25-30 Minuten backen.

## Buttermilchweckerln

Wir mahlen *1/2 kg Weizen* zu Mehl und bereiten daraus die Weckerln mit folgenden Zutaten:

*1 Teel. Salz, 2 Eßl. Öl, 1 Eßl. Leinsamen, 1/4 l Buttermilch, 30 g Germ (Hefe), etwas Fenchel, Anis und Kümmel, Ei zum Bestreichen, verschiedene Samen zum Bestreuen, Fett für das Backblech.*

Das Mehl wird auf das Backbrett geschüttet. In eine Mulde kommen Salz, Öl, Leinsamen, die Buttermilch, die zerbröckelte Germ und Gewürze. Alle Zutaten werden gemischt und zu einem glatten Teig geknetet. Er muß zugedeckt etwa 1/2 Stunde gehen. Wir formen daraus kleine Weckerln (Brötchen), bestreichen sie mit etwas Ei und bestreuen sie nach Geschmack mit Sesam, Leinsamen, Kürbiskernen oder Sonnenblumenkernen. Sie werden auf das gefettete Blech gesetzt. In dem auf 200°C vorgeheizten Backofen backen wir sie in etwa 20 Minuten goldbraun.

## *Türkenkoch*

*In der Rauchkuchl zu March auf Thierbach bereitet meine Großmutter das Türkenkoch am offenen Feuer.*

In meiner Kindheit gab es bei uns daheim zum Frühstück Türkenkoch. Mit ihm hatte es eine besondere Bewandtnis. Täglich kam es in der großen Kupferpfanne auf den runden Tisch in der Stube und wurde morgens um sechs zu Beginn des Tagwerks (für uns Kinder vor dem langen Schulweg) gegessen. Das Koch war jeden Tag eine Überraschung, denn keinen Tag schmeckte es genauso wie am Vortag. Warum das so war? Irgendein Geheimnis muß dabei gewesen sein. Vielleicht hatte es mit der Milch zu tun, die ja ein ganz besonderes Medium für die Kräfte der Natur ist? Für das Koch kam Butter in die Kupferpfanne, bis sie fauchte und auf dem bläulichen Pfannenboden zischte; ein Schuß Wasser und die Milch wurden aufgekocht, bevor die Mischung aus schwach gesalzenem Maismehl (fein gemahlen) und etwas Weizenmehl mit dem Lärchenzweigbesen gleichmäßig eingerührt wurde. Ständig war dann mit dem flachen „Holzschil" am langen Stiel umzurühren, bis der Brei eindickte und sich gleichmäßig an Boden und Rand anlegte. Der Herd mußte genau die richtige Hitze haben, sonst brannte das Koch an oder bildete eine dicke Haut. Wichtig war, daß es „Brinzen" (Krusten am Pfannenrand) gab. Wenn die Hausfrau nicht die ganze Zeit bei der Sache war, mußten es die Hungrigen büßen. Die schwere Pfanne wurde aus der Herdvertiefung genommen (früher in der Rauchkuchl vom Dreifuß) und auf ein Fromholz (Pfannenholz) gestellt. Meine Mutter drückte die Oberfläche in der Mitte leicht ein und legte ein großes Stück Butter in die „Schmalzgrube". (An dieser Grube konnte man übrigens die Großzügigkeit oder den Geiz einer Bäuerin ablesen). Alle Esser begannen am Rand. Natürlich waren es immer dieselben in der Runde, die sich, entsprechend ihrem Rang, ihrem Arbeitseifer oder ihrem Appetit, als erste zur Schmalzgrube vorarbeiteten. Von allen wurde diese gewisse Hackordnung akzeptiert. Die Brinzen schabten wir zum Schluß als leckere Draufgabe vom Rand und Boden ab. „Brinzenstehlen" nannten wir es, wenn einer über die Grenze zum Nachbarn „mähte" oder ihn durch Übergriffe herausforderte; doch das Gerangel und Geschubse wurde schnell und meist lachend wieder beigelegt.

## Dinkelsemmerln

*1 kg Dinkel* wird zusammen mit *2-3 Eßl. Brotgewürzen* ganz fein gemahlen.

Außerdem brauchen wir folgende Zutaten:

*40 g zerlassene Butter, 30 g Germ (Hefe), 600 ml lauwarmes Wasser, 1 Teel. Meersalz, 1 Ei und etwas Milch zum Bestreichen, Fett für das Backblech.*

Aus dem Dinkelmehl, der Germ, dem Wasser und Salz bereiten wir einen Germteig, den wir mit einem feuchten Tuch bedecken und über Nacht in den Kühlschrank stellen.

Am nächsten Morgen wird eine Rolle geformt, und wir schneiden daraus 30 gleichgroße Stücke, die zu Semmerln geformt werden. Wir bestreichen sie mit dem Ei-Milch-Gemisch (nach Geschmack auch mit geriebenem Käse) und legen sie auf das gefettete Backblech. Bei 200°C müssen sie im vorgeheizten Ofen etwa 20 Minuten backen.

## Blätterteig-Apfelstrudel

Der feine Blätterteig macht diesen Strudel besonders knusprig.

Wir brauchen dazu:

*250 g Butter, 250 g Weizenmehl (halb Dinkel-Vollmehl, halb Weizen-Auszugsmehl), 250 g Topfen (Quark), Salz, Ei zum Bestreichen, Wasser für das Backblech.*

Für die Füllung:

*750 g Äpfel, Zitronensaft, Zimt, Zucker.*

Die Butter wird mit dem Mehl zwischen den Fingern abgebröselt, so daß streuseliger Butterteig entsteht. Anschließend mischen wir den Topfen darunter, geben etwas Salz zu und arbeiten den Teig mit kühlen Händen schnell durch. Er muß mindestens vier Stunden im Kühlschrank rasten. Am besten bereitet man ihn sogar schon am Vortag zu.

Die Äpfel werden geschält, in feine Scheiben geschnitten und mit Zitronensaft beträufelt, damit sie sich nicht verfärben.

Den Backofen auf 200 °C vorheizen.

Der gut gekühlte Blätterteig wird zu 2 etwa 30 cm breiten Platten ausgerollt. Wir geben die Apfelscheiben darauf, lassen aber an beiden Seiten einen handbreiten Rand zum Einschlagen frei. Die Äpfel werden mit Zimt und Zucker bestreut. Dann können wir den Teig zu beiden Seiten darüberschlagen und den Strudel mit dem aufgeschlagenen Ei bestreichen.

Die Strudelstreifen auf ein gefettetes Backblech legen und im vorgeheizten Backrohr etwa eine halbe Stunde backen.

Der Teig eignet sich übrigens genauso gut für Nuß- oder Marmeladentascherl. Wenn daraus Knabbergebäck werden soll, schneiden wie ihn in schmale Streifen, die mit Ei bestrichen und ganz nach Gusto mit Kümmel, geriebenem Käse und etwas Salz bestreut werden.

## Topfensemmerln

Wir mahlen *1 kg Weizen* zu feinem Mehl und schroten *50 g Leinsamen.*

Außerdem brauchen wir:

*20 g Germ (Hefe), 1 Teel. Honig, 1 Eßl. Salz, 1 Eßl. weiche Butter, 500 g Topfen (Quark), etwa 1/2 l lauwarmes Wasser, Fett für das Backblech.*

Die Germ wird mit dem weichen Honig verrührt und mit Salz, Butter, dem durchpassierten Topfen zum Weizenmehl auf das Backbrett gegeben. Unter Zugabe von Wasser kneten wir einen glatten Germteig, den wir zudecken und eine halbe Stunde gehen lassen. Der Teig wird nochmals gut durchgearbeitet und muß wiederum eine halbe Stunde gehen. Dann werden kleine Semmerln geformt, in Leinsamenschrot gewälzt und auf das gefettete Backblech gesetzt. Im vorgeheizten Backrohr (220°C) etwa 20 Minuten backen.

## Dinkel-Zwiebel-Brötchen

Diese pikanten Brötchen werden mit zweierlei Getreide gebacken, nämlich mit *350 g Dinkel und 100 g Grünkern.*

Außerdem brauchen wir:

*30 g Germ (Hefe), 1 Teel. Honig, 2 mittelgroße Zwiebeln, 30 g Butter, 1/2 Teel. Salz, 1 Ei, 1/4 l Milch, 1 Eßl. gehacktes Maggikraut, 1 Teel. Majoranblättchen, 1 Eidotter, Fett für das Backblech, Kümmel zum Bestreuen.*

Die Germ wird mit dem Honig verflüssigt. Die Zwiebeln werden geschält, ganz fein gehackt und in der heißen Butter glasig gebraten. Die angerührte Germ und die leicht abgekühlten Zwiebeln werden zusammen mit Salz, Ei, Milch (kleinen Rest übrig lassen) und Kräutern zum Mehl gegeben und zu einem glatten Teig verarbeitet; der muß dann zugedeckt 30 Minuten gehen. Wir formen eigroße Teigstücke und setzen sie auf das gefettete Backblech. Dort sollen sie nochmals 10 Minuten gehen. Der Dotter wird mit der restlichen Milch verrührt und auf die Brötchen gestrichen, bevor sie mit Kümmel bestreut und im vorgeheizten Backrohr (180°C) etwa 25 Minuten gebacken werden.

### Süße Frühstücksbrötchen

Für diese Brötchen zum Sonntagsfrühstück werden *300 g Dinkel* fein gemahlen.

Außerdem brauchen wir:

*1 Päckchen Weinstein-Backpulver, 150 g trockenen Topfen (Quark), 1 Prise Salz, 1 Ei, 5 Eßl. Öl, 2 Eßl. gehackte Haselnüsse, 1/2 Tasse Milch, 2 Eßl. Rosinen, Fett für das Backblech.*

Mehl und Backpulver werden mit dem Topfen, Salz, Öl, Ei, den Haselnüssen und der Milch (etwas übrig lassen) vermischt und zu einem glatten Teig geschlagen. Die Rosinen waschen und trockentupfen, unter den Teig rühren. Den Teig 30 Minuten quellen lassen. Kleine Laibchen formen und auf das Backblech setzen. Vorsichtig mit Milch bestreichen und im vorgeheizten Backrohr (200°C) ungefähr 20 Minuten backen.

## *Rezepte für andere Körnergerichte*

Natürlich wird Getreide und Mehl nicht nur zum Backen gebraucht, sondern auch für viele andere Gerichte, wie die nachfolgenden Rezepte zeigen.

### Frischkost-Getreidebrei

Ein solcher Brei ist der beste und energiereichste Einstieg in den Tag. Wir brauchen dazu pro Person:

*3 Eßl. gemischtes Getreide (z.B. Weizen, Roggen, Hirse), 1 Eßl. getrocknete Birnen, 1 Eßl. getrocknete Marillen (Aprikosen), 1 Eßl. frisch gepreßter Orangensaft, 1 Eßl. Schlagrahm, 1 Eßl. grob gehackte Haselnüsse.*

Die Körner werden am Abend grob geschrotet und mit soviel kaltem Wasser eingeweicht, daß ein dicker Brei entsteht. Am nächsten Morgen wird dieser Brei mit dem gewaschenen, kleingeschnittenen Dörrobst und dem Saft vermischt. Man gibt den Schlagrahm darauf und streut die Nüsse darüber.

### Weizenkoch mit Äpfeln und Nüssen

Pro Person rechnet man bei diesem Frühstückskoch mit *3 Eßl. Weizenkörnern*, die zu feinem Mehl gemahlen werden. Für 4 Personen wird also von allem die vierfache Menge gebraucht.

Außerdem benötigen wir:

*1 Prise Salz, 100 ml kochendes Wasser, 2 Eßl. Rahm (Sahne), einige Tropfen Zitronensaft, etwas Zitronenschale (von unbehandelten Früchten), 1 Apfel, 1 Eßl. gemahlene Walnüsse.*

Weizenmehl wird mit etwas Salz ins kochende Wasser eingestreut und soll bei ganz schwacher Hitze in 20 Minuten ausquellen. Dann mischt man den Rahm, Zitronensaft und Zitronenschale in das Koch und rührt vorsichtig um. Der Apfel wird grob gerieben. Man füllt den Brei in eine kleine Schale, gibt den Apfel darauf und bestreut das Ganze mit grob gehackten Nüssen.

### Roggengrütze mit Himbeeren

Anders als bei Brei oder Koch wird bei der Grütze das Getreide grob geschrotet statt fein gemahlen. Für diese gesunde Grütze brauchen wir pro Person *3 Eßl. Roggen.*

Außerdem benötigen wir:

*100 ml kochendes Wasser, 1 Prise Salz, 100 g Wald- oder Gartenhimbeeren, 3 Eßl. Joghurt, 2 Teel. Honig, 1 Eßl. gemahlene Mandeln.*

Salz und grobgemahlener Roggen werden ins kochende Wasser eingestreut und sollen in 30 Minuten bei ganz schwacher Hitze ausquellen. Man gibt die Grütze auf einen tiefen Teller und verteilt die Himbeeren darauf. Joghurt und Honig werden gut verrührt und über Grütze und Beeren verteilt. Darüber streut man die Mandeln und kann das Ganze zum Schluß noch mit einem Zweig Minze oder Zitronenmelisse verzieren.

## Grünkernlaibchen

Für 4 Personen braucht man bei diesem vollwertigen Rezept

*250 g Grünkern*, der fein gemahlen werden muß.

Außerdem sind auch noch die folgenden Zutaten erforderlich:

*1/2 l Wasser, 6 Eßl. Sojasoße, 1 Bund Frühlingszwiebeln, 2 Handvoll gemischte, gehackte Kräuter, 3 Eier, etwas Vollkornweizenmehl, Pflanzenöl zum Braten.*

Das Wasser mit der Sojasoße muß sprudelnd kochen, bevor das Grünkernmehl eingerührt wird. Man läßt es noch einmal aufkochen und dann das Mehl in 10 Minuten bei schwächster Hitze zugedeckt ausquellen. Anschließend muß es abkühlen. Danach kommen die ganz fein gehackte Zwiebel und die Kräuter sowie die Eier in den Brei, und man gibt soviel Mehl dazu, daß ein formbarer Teig entsteht. (Man kann auch 1 Eßlöffel Vollkornbrösel unterrühren.) Aus dem Teig werden kleine, flache Laibchen geformt und im heißen Fett von beiden Seiten knusprig braun gebacken. Dazu paßt sehr gut eine Rahmsoße mit Schwammerln.

## Hafer-Eintopf mit frischem Gemüse

Für dieses Sommergericht, zu dem man die verschiedensten Gemüse aus dem Garten verwenden kann, waschen wir *100 g Haferkörner* unter fließendem Wasser auf einem Sieb und lassen sie gut abtropfen. *50 g Weizen* werden feingemahlen.

Außerdem brauchen wir für 5-6 Personen:

*1 1/2 l Wasser, 2 Eßl. gekörnte Gemüsebrühe, 200 g Blumenkohlröschen, 200 g Brokkoliröschen, 150 g Kohlrabiwürfel, 150 g Karottenwürfel, 1 Eßl. Butter, 2 Eßl. gehackte gemischte Kräuter (z.B. Petersilie, Schnittlauch, Maggikraut, Thymian).*

Die Haferkörner ins kalte Wasser geben. Das Wasser zum Kochen bringen. Die Körner 40 Minuten bei schwacher Hitze kochen lassen. Nach 20 Minuten die gekörnte Gemüsebrühe einrühren. 15 Minuten vor Ende der Garzeit das Gemüse in die Brühe geben und mitgaren. Die Butter erhitzen und das Weizenmehl darin hellbraun rösten. Die Einbrenn in die Suppe rühren und diese noch einmal aufkochen lassen. Den Gemüseeintopf auf die Teller füllen und mit den gemischten Kräutern bestreuen.

***Das Getreidekorn birgt nicht nur einen Schatz von lebensnotwendigen Substanzen, sondern es enthält sie auch in absolut harmonischer Zusammensetzung. Alle Inhaltsstoffe ergänzen sich gegenseitig. Deshalb ist es so wichtig, daß wir Produkte aus dem „vollen Korn“ zu uns nehmen.***

# NAHRHAFTES UND HEILSAMES AUS DER IMKEREI

Imkereiprodukte als Heilmittel
Honigqualität
Imkerbräuche
Persönliche Frühjahrskur
Tage und Zeichen
Honig in der Küche
Honig-Statistik

# Nahrhaftes und Heilsames aus der Imkerei

Die unendliche Vielfalt der Insekten, die Harmonie in ihren staatenbildenden Ordnungen lassen uns immer wieder staunen. Einschlüsse im Bernstein weisen darauf hin, daß es bereits vor 50 Millionen Jahren Insekten gegeben hat, die unseren heutigen Honigbienen ähnlich waren.

In fast allen Kulturen – das zeigen Felsmalereien, Grabbeigaben und in Tonkrügen konservierte Produkte – genossen die Bienen wie auch die Imkerei höchste Wertschätzung. Dem Honig aber wurden vielfach magische Kräfte zugeschrieben. Im alten Ägypten verwendete man ihn zum Einbalsamieren der Toten. Den Pharaonen galt er als Symbol sinnvoller Aufgabenteilung zwischen Herrscher und Volk. Sie ließen den Bienen bereits Behausungen aus Schilfrohr und gebrannter Tonerde errichten.

Bei den Griechen der Antike galten Getreide, Öl und Honig als besonders kostbare Opfergaben für die Götter des Olymp. Zur Römerzeit wurde bereits die Heilkraft des Honigs beschrieben. In der frühchristlichen Kirche hat man den damals erwachsenen Täuflingen einen Becher mit Milch und Honig gereicht.

Im Mittelalter kannte man bereits den Honigzehnten, eine Art Steuer, die an die Grundherrschaft zu zahlen war. Napoleon ließ sich Bienen als Symbole des Fleißes und des Verteidigungswillens in seine Fahnen sticken.

## Imkereiprodukte als Heilmittel

Berühmte Ärzte haben seit dem Mittelalter bei schlecht heilenden Wunden, bei Nervenleiden und Hautkrankheiten Propolis, Gelée royale und Honig verordnet. Honig wurde als antiseptisches Mittel traditionell für Wundpflaster, aber auch bei entzündeten Augen eingesetzt. Vor allem den sogenannten „Jungfernhonig“ (miel de vierge), den ersten reinen Honig,

*Das schmucke Bienenhaus mitten in Niederndorf wertet das ganze Umfeld auf.*

hat man zu allen Zeiten als besonders heilkräftig gepriesen. Aber auch bei Koliken und Gelbsucht diente Honig als Heilmittel.

## Honigqualität

Daß Honig nicht gleich Honig ist, hat fast jeder schon einmal erfahren müssen, der einem anscheinend besonders günstigen Angebot nicht widerstehen konnte. Beim Honig sollte man aber auf keinen Fall anfangen zu sparen. Für die Honigqualität sind die Völkerführung, der Standort und damit das Trachtangebot, Wanderung und die Methoden zur Bekämpfung der Varroa-Milbe entscheidend. In einer Umgebung, wo es statt Pflanzenvielfalt nur Monokulturen gibt, kann das Ergebnis nicht befriedigend sein.

Aus dem Gesagten wird auch deutlich, warum der in Harmonie erzeugte Honig aus unseren Gebirgstälern ein so unersetzliches und kostbares Lebensmittel ist. Er enthält nicht nur Nähr- und Wirkstoffe aus intakter Umwelt, seine Erzeugung wird, arbeitsintensiv und risikoreich, erst möglich.

So kann uns Honig als Nahrung und selbst in homöopathisch kleiner Dosis noch als Heilmittel dienen. Es lohnt sich deshalb auf jeden Fall für Freunde guten Honigs, Bekanntschaft mit einem Imker ihres Vertrauens zu machen und sich ein wenig in die Wunderwelt der Bienen und des Honigs einführen zu lassen.

**Imkerbräuche**

*In Stadtsteinach in Bayern herrschte bei den Bienenzüchtern der feste Glaube, man dürfe für einen Schwerkranken keinen Honig hergeben, weil sonst die Bienen sterben müßten.*
*Die Bunzlauer Monatsschrift schrieb dagegen: „Ein Bienenwirt schenke bei der Honigernte viel, so sind die Bienen wieder mildtätig gegen ihn ..."*
*In Weinsberg (Württemberg) durfte man keinen Honig verschenken, damit die Bienen beim Schwärmen nicht durchgehen.*
*Im Fränkisch-Hennebergischen sollte man für geschenkten Honig nicht danken.*

*Der Duft blühender Alpenrosen und das Summen emsiger Bienen.*

## Umwelteinflüsse

Natürlich ist jedes einzelne Produkt in unserer heutigen Welt auch schädlichen Umwelteinflüssen ausgesetzt. Deshalb muß der Schwermetallgehalt im Nektar und Pollen der Trachtpflanzen, die in der Nähe belebter Straßen stehen, besonders hoch sein. Bis zu einem gewissen Grad ist davon auch der Honig betroffen. Allerdings werden durch die Fermentierung und Umarbeitung, die die Bienen vornehmen, Schadstoffe wie Blei, Kadmium, Kupfer teilweise wieder abgebaut. Verglichen mit der Belastung der Gemüsepflanzen in unseren Gärten ist die des Honigs also relativ gering, da die Bienen bei der Umwandlung der Ausgangsstoffe zum Endprodukt Honig auf vielfältige Weise korrigierend eingreifen.

## Bienenprodukte

Im Rahmen dieses Buches soll vor allem von Propolis und Honig als den Hauptprodukten der Imkerei die Rede sein. Außerdem gibt es noch das berühmte *Gelée royale*, den Königinnen-Futtersaft; er ist etwas besonders Kostbares und bewirkt, daß sich aus demselben Ei, dem bei normaler Fütterung eine Arbeitsbiene entschlüpft, eine Jungkönigin entwickelt. Diese ist dann über Jahre fähig, Hunderttausende von Eiern zu legen und ein Volk von bis zu 80 000 Bienen zu regieren.

Schließlich bleibt noch das *Bienenwachs* zu nennen, das in Form von duftenden Kerzen an langen Winterabenden und vor allem in der Weihnachtszeit soviel zu einer harmonischen, spannungsfreien Atmosphäre beiträgt. Außerdem werden daraus kunstvolle Bilder und Figuren gefertigt. Bienenwachs kann hier jedoch nur am Rande Erwähnung finden.

**PROPOLIS – HEIL- UND KONSERVIERUNGSMITTEL.** Propolis erzeugen die Bienen als Kittharz, das im Bienenstock eine ganz besondere Aura entstehen läßt. Nicht umsonst hat man Schnitzwerke der ostasiatischen Kunst mit einer Mischung aus Propolis und hochprozentigem Alkohol eingelassen, um ihnen Duft und Farbe zu geben und sie dauerhaft zu schützen. Die berühmten Geigenbauer Italiens behandelten ihre kostbaren Instrumente ebenfalls mit Propolis und haben damit gewiß auch die Klangfarbe beeinflußt.

Propolis ist für ein Bienenvolk lebensnotwendig. Sie gewinnen es von einigen Laubgehölzen (vor allem von Birken, Erlen, Kastanien und Weiden), aber auch aus verschiedenen Wildkräutern, Kiefern-, Fichten- und Tannensprossen.

Wenn ich meine Bienen im Hochsommer und bis in den Frühherbst bei mäßiger Tracht beobachte, so fallen mir einzelne Bienen mit rötlichbraunen, glänzenden Höschen auf. Diese sicherlich lebensverkürzenden Strapazen des Einsammelns von Propolis nehmen nur wenige ältere Angehörige eines Bienenvolks auf sich.

Die Zusammensetzung von Propolis, das die Bienen im Stock zum Abdichten der Fugen brauchen, ist abhängig vom Trachtangebot des jeweiligen Standorts und kann deshalb in Farbe und Aroma unterschiedlich sein. Mehr als zur Hälfte besteht Propolis aus Harz und Balsam, etwa ein Viertel ist Wachs, und der Rest umfaßt ätherische Öle, die Hüllen von Pollenkörnern, Gerbsäuren, Vitamine und Spurenelemente.

Propolis ist aber nicht nur Dichtungsmaterial, sondern – zumal in frischem Zustand – ein probates Heilmittel, das z.B. gegen unreine Haut und Ausschläge, aber auch gegen Viren und Bakterien eingesetzt wird. Seine Heilkraft verdankt es den Phenolkomponenten und den Flavonoiden. Es kann dank seiner Spurenelemente die Blut- und Knochenbildung günstig beeinflussen und sich auch auf die Hormonproduktion positiv auswirken.

Propolis tut als Hausmittel ausgezeichnete Dienste, doch bevor man es zur Behandlung von ernsthaften Krankheiten einsetzt, sollte man sich mit dem Hausarzt abstimmen.

Wie bei der Honigerzeugung sind auch bei der Gewinnung von Propolis die Sorgfalt des Imkers, das Trachtangebot und die gewissenhafte Verarbeitung entscheidend. Pro Jahr und Volk kann der Imker etwa 80 g Propolis ernten.

*In meinem Bienenhaus werden die Trogbeuten im Sommer mit schmalen Brettchen (8 – 12 cm) so abgedeckt, daß nur ein kleiner, etwa 2 mm breiter Spalt frei bleibt. Darauf lege ich Papier. Im Spätsommer sind dann meine Bienen bemüht, diese Ritzen mit Propolis zu verkitten. Noch vor der Varroamilben-Bekämpfung kann ich das saubere Propolis abnehmen, es sozusagen frisch „ernten“. Die Bienen aber haben danach noch genügend Zeit, ihre Behausung neu zu verkitten und nehmen keinen Schaden.*

*Ich rate jedem Imker, fein gehobelte und abgeschliffene Zirbenholzbrettchen zum Abdecken zu verwenden und sich genügend Zeit zum Beobachten und Bestaunen der Bienenaktivitäten zu nehmen.*

**PROPOLISTINKTUR.** Man kann das gewonnene Propolis bis zum Gebrauch tiefgefrieren. Sobald man eine ausreichende Menge beisammen hat, wird es in einer alten Kaffeemühle zu Pulver gemahlen. Dann mischt man etwa 500 g Propolis mit ca. 600 g 90prozentigem Alkohol. Das Ganze muß mindestens zwei Wochen stehen und wird täglich einmal gründlich verschüttelt. Die fertige Tinktur gießt man danach durch einen Filter.

Man kann aber auch 150 g pulverisiertes Propolis in 1 Liter Weingeist geben, täglich umrühren und die Tinktur schließlich filtern und abfüllen.

Bei der Anwendung der Tinktur ist die jeweilige Konzentration zu berücksichtigen.

Mit Propolistinktur werden schlechtheilende Wunden betupft, man kann sie aber auch nach Rückspra-

*Der Blütenteppich läßt im Frühjahr die Völker erstarken, regt die Bau- und Bruttätigkeit an, steigert den Sammeleifer.*

che mit dem Arzt zur Behandlung von Nieren-, Blasen- und Leberschwäche einsetzen. Schließlich wird die Tinktur auch mit Milch, Apfelessig, Traubensaft oder Tee gemischt und vor allem von älteren Menschen als stärkender Morgentrunk genommen.

## *Unsere persönliche Frühjahrskur*

Eine kluge Kräuterfrau hat mir für das zeitige Frühjahr einmal folgende Kur empfohlen, die wir seitdem jährlich anwenden und die eine Frühjahrsmüdigkeit gar nicht erst aufkommen läßt:

Beginnend mit dem Vollmond trinken wir 2 Wochen lang jeden Morgen 1 Tasse Tee aus jungen Brennesseltrieben. Ab Neumond gibt es dann 2 Wochen lang morgens eine Tasse lauwarme Milch mit 1 Teelöffel Honig verrührt. Am 1. Tag kommen 3 Tropfen Propolistinktur in die Milch, am nächsten Tag 4 Tropfen, dann 5 Tropfen usw., bis zum nächsten Vollmond. Wir trinken die Honig-Propolis-Milch in aller Ruhe Löffel für Löffel und nehmen uns dabei Zeit für eine Morgenbetrachtung als positiven Einstieg in den Tag.

Niemand soll behaupten, für eine solche Frühjahrskur und den geruhsamen Morgentrunk keine Muße zu haben! Für die eigene Gesundheit und einen harmonischen Beginn des Tages kann man immer etwas Zeit

**Honig zur Besänftigung der Geister**

*Zu allen Zeiten opferte man Honig auch den Geistern, Dämonen, Zwergen und Hauskobolden; sie sollten mit der süßen Gabe besänftigt werden. Beim Volk der Bulgaren legte einstmals jede Hausvorsteherin am Samstag einen mit Honig bestrichenen Kuchen für die Geister aus.*

## Tage und Zeichen

*Wenn es um die Stückzahl an „Alptieren" geht, darf ich mich wie ein Großbauer fühlen.*

Ein verantwortungsbewußter, umsichtiger Imker, der von seinen Bienen ein wertvolles Produkt gewinnen möchte, ist um gesunde Völkerführung und Vitalität seiner Bienen bemüht, fördert bei plötzlich einsetzender, nur kurze Zeit dauernder Tracht die Einsatzfähigkeit der Sammlerinnen und nutzt damit jederzeit den Schwung der Natur aus. Da der Wassergehalt des Nektars großen Schwankungen unterliegt, sind bestimmte Tage und Zeichen für die Arbeit mit den Bienen günstiger als andere. Niemals wähle ich die Blatttage für die Arbeit mit den Bienen, vor allem nicht bei der Honigentnahme und Schleuderung. Die günstigsten Zeiten sind die Blüte- und Fruchttage. Natürlich richte ich mich dabei auch nach dem Wetter, der Stimmung der Völker und dem aktuellen Trachtangebot. Schon in einer Veröffentlichung aus dem Jahr 1811 über die „Nützlichkeit der Bienen" hieß es: „Ein Bauer, welcher Bienen hat, kann mit diesen Feld- und Gartenarbeitern nicht so verfahren, wie mit seinen Knechten und Mägden; er kann ihnen nicht befehlen, bloß auf seinen Feldern und in seinem Garten zu arbeiten, sondern sie fliegen auf alle Felder und in alle Gärten. Folglich interessiert sein Verhalten gegen seine Bienen die ganze Dorfgemeinde."

erübrigen. Wer sich keine Zeit fürs Gesundbleiben nimmt, der muß sie dann später fürs Kranksein haben.

Eine Alternative zur erwähnten Kur mit Brennesseltee im März/April ist im April/Mai ein Tee aus ganz jungen, noch klebrigen Birkenblättern, die man jeden Morgen frisch erntet. Man trinkt diesen Tee noch vor dem Frühstück und verfeinert ihn mit etwas Honig. Das Ganze geschieht in den Tagen des abnehmenden Mondes. Die Kur dauert zwei Wochen. Während dieser Zeit sollte man übrigens nur die Hälfte des sonst Gewohnten essen. (Bei uns daheim wird gerade in

dieser Zeit darauf geachtet, daß nur frische Produkte aus dem eigenen Umfeld auf den Tisch kommen, wie sie in diesem Buch beschrieben sind).

WEITERE PROPOLIS-HAUSMITTEL. Aus dem feinvermahlenen Propolis lassen sich auch Puder oder Salbe zubereiten (Rezepturen dafür findet man in einschlägigen Fachbüchern zur Imkerei), Hausmittel, die uns selbst, der eigenen Familie, aber auch Freunden und Bekannten zugute kommen, denen wir einen Dienst erweisen möchten. Schließlich kommt der Einsatz für andere Menschen, die der Hilfe bedürfen, immer wieder als Segen in unser Leben zurück.

## *Honig und Honigprodukte*

Nach der Honigverordnung ist dieses wertvolle Naturprodukt so definiert:

„Honig ist der süße Stoff, den die Bienen erzeugen, indem sie Nektarsäfte oder auch andere an lebenden Pflanzenteilen sich vorfindende süße Säfte aufnehmen, durch körpereigene Stoffe bereichern, in ihrem Körper verändern, in Waben speichern und dort reifen lassen".

***Entscheidend für Qualität und Zusammensetzung ist immer das Trachtangebot, sind also die Pflanzen, von denen die Bienen den Pflanzensaft beziehen.***

Entscheidend für Qualität und Zusammensetzung ist immer das Trachtangebot, sind also die Pflanzen, von denen die Bienen den Pflanzensaft beziehen. Dieser Saft besteht großteils aus Wasser und Kohlenhydraten (Zucker), enthält aber auch organische Säuren, Fette, Vitamine, Mineralstoffe.

BLÜTEN- UND WALDTRACHT. Im Vorfrühling, wenn der Löwenzahn blüht und die frühen Obstbäume ihre Blüten öffnen, bringen die Bienen ihre erste *Haupttracht* ein. Danach sind Frühlingsblumen, Beerenobstkulturen und unzählige blühende „Unkräuter" an der Reihe. Sie liefern den „Stoff", aus dem die sogenannte *Tröpfeltracht* entsteht. Um diese Zeit kommen die Völker bereits in Schwarmstimmung.

Danach beginnt an schwülen Tagen und nach warmen Nächten im Frühsommer die *Waldtracht* (die heute leider wegen Wetterunbilden und Waldschäden selten geworden ist). Dabei tragen die Trachtbienen Zuckerverbindungen aus Fruktose und Glukose in den Stock ein, die Stockbienen nehmen sie entgegen und wandeln diesen Süßstoff zu wertvollem Honig um.

Wichtig ist, daß starke, gesunde Völker den Pflanzensaft gründlich aufarbeiten und durch Fermentierung veredeln. Bei Massentracht aber kommt es oft zur Einlagerung von stark wasserhaltigem Honig. Wir haben es also bei der massenhaft betriebenen Honigerzeugung mit einem ähnlichen Phänomen zu tun wie bei der industrialisierten Landwirtschaft.

ZEIT ZUR REIFE. In der warmen, trockenen Luft des Stocks wird dem Honig von den Bienen ständig Wasser entzogen. Vor allem nachts verdunstet Flüssigkeit. Kurz vor der Reife lagern die Bienen den Honig nochmals um und tragen ihn in die mehr oder weniger prall gefüllten Vorratszellen. Sobald er einen Wassergehalt von weniger als 20 Prozent hat, werden die Zellen endgültig aufgefüllt. Die klugen Tierchen setzen auch noch Hemmstoffe zu, die eine mögliche Entwicklung von Mikroorganismen verhindern und den Honig haltbar machen. Schließlich wird jede einzelne der gefüllten Zellen mit Wachs verdeckelt.

Nur reifer Honig hat einen gesundheitlichen Wert, unreifer wirkt wie grüne Äpfel, die leicht Bauchweh oder Durchfall verursachen können; denn Unreifes führt zur Disharmonie im Körper und kann uns deshalb nicht bekömmlich sein.

Der Honig wird in unseren Breiten von den Bienen so gewissenhaft zur Reife geführt und haltbar gemacht, weil sie sich Vorräte schaffen müssen für die kalte Jahreszeit, in der es kein Trachtangebot gibt. Das verleiht dem Honig unserer Regionen einen Wert, wie ihn Importware aus wärmeren Gebieten gar nicht haben kann.

Damit die hohe Qualität des Honigs gewahrt bleibt, soll er dunkel und kühl gelagert (auch tiefgefrieren ist möglich), aber möglichst nicht über 40°C erhitzt werden.

Honig besteht zu 75 Prozent aus Trauben- und Fruchtzucker, er enthält nur wenige Vitamine und Mineralstoffe in Spuren. Daher ist es auch nicht die Menge der Inhaltsstoffe, die ihn so gesund und interessant für uns macht, sondern das ausgewogene

*Millionenfacher Blütensegen braucht Befruchtung und lockt fleißige Bienen herbei.*

Ganze. Daß selbst kleine und kleinste Mengen eine große Wirkung haben können, wissen wir aus der Homöopathie. Und auch beim Honig gilt, daß das Ganze mehr ist als die Summe aller Teile. Das hat nicht zuletzt mit dem bis ins Letzte sinnvollen Zusammenspiel aller Kräfte im Bienenvolk, mit der positiven Schwingung und einer ganz spezifischen Aura zu tun.

## Honig in der Küche

Daß Honig mehr ist als Zuckerersatz, beweisen die nachfolgenden Rezepte, die alle in unserer Vollwertküche erprobt sind.

### Bienenstich

*Aus 500 g Vollkornweizenmehl, 30 g Germ (Hefe), 1/4 l lauwarmer Milch und 50 g Butter, 1 Ei, Salz, Fett für das Backblech*

bereiten wir einen Germteig und lassen ihn zugedeckt eine halbe Stunde gehen.

Für den Aufstrich brauchen wir:

*10 Eßl. Honig, 100 g Butter, 20 g Mandelblättchen*;

für die Füllung:

*1 Päckchen Vanillepuddingpulver, 1/2 l Milch, 2 Eßl. Honig, 100 g weiche Butter*

Für den Aufstrich werden Honig und Butter bei ganz schwacher Hitze geschmolzen, die Mandelblättchen zugefügt und das Ganze kurz aufgekocht. Die Masse muß dann abkühlen.

Der vorbereitete Germteig wird etwa 1 cm dick ausgerollt und auf ein gut gefettetes Backblech gelegt; er soll nochmals einige Zeit gehen, bevor man ihn mehrmals mit einer Gabel einsticht, die Honigmasse daraufstreicht und den Boden bei mittlerer Hitze goldbraun backt.

Für die Füllung kocht man einen Vanillepudding und läßt ihn abkühlen; inzwischen wird die Butter schaumig gerührt, und man gibt den abgekühlten Pudding löffelweise darunter. Der inzwischen ebenfalls abgekühlte Kuchen wird zuerst in Streifen, diese dann in Stücke geschnitten. Man schneidet jedes einzelne Stück waagrecht durch, füllt es mit Creme und setzt den Bienenstich zusammen.

## Adventkalender aus Lebkuchen

Für einen großen Weihnachtsengel oder Nikolaus (in Backblechgröße) brauchen wir:

*400 g Honig, 120 g Butter, 600 g Mehl (je zur Hälfte Vollkornweizenmehl und Weizenmehl Type 500), Lebkuchengewürz, Natron, gemahlenen Zimt, gemahlene Mandeln, Bienenwachs für das Blech.*

Für die Bemalung und Verzierung:

*500 g Staubzucker (Puderzucker), 2 Eßl. Zitronensaft, Lebensmittelfarben, 1 Eiweiß.*

Honig und Butter werden vorsichtig erwärmt, gut verrührt und müssen dann abkühlen. Dann kommen die übrigen Zutaten dazu und werden zu einem glatten Teig verarbeitet. Eine Weihnachtsfigur wird ausgeschnitten, auf das mit Bienenwachs gefettete Blech gelegt und im vorgeheizten Ofen (200°C) etwa 15 Minuten lang gebacken. Man rollt die Teigreste aus und schneidet daraus 24 Teigblättchen, die ebenfalls gebacken werden.

300 g Staubzucker mit Zitronensaft verrühren, einen Teil der Masse einfärben. Den Kalender damit bunt bemalen. Das Eiweiß zu steifem Schnee schlagen, mit dem restlichen Staubzucker verrühren, die Täfelchen mit Zahlen bespritzen und auf den Kalender kleben.

Jeden Tag im Advent brechen sich die Kinder ein Täfelchen ab und wissen so ganz genau, wann das Christkindl kommt.

## Honigsoße für feine Blattsalate

Wir brauchen für 5-6 Personen

*3 Eßl. Senf, 1 Eßl. Honig, 2 Eßl. Weißweinessig mit Estragon, etwas frisch gehackten Estragon, 5 Eßl. Rahm (Sahne).*

Senf, Honig und Essig werden zu einer sämigen Soße aufgeschlagen, in die der frische Estragon und

*Lebkuchen und Bienenwachs sorgen für heimelige Stimmung in Küche und Stube.*

der Rahm eingerührt werden. Die Soße schmeckt übrigens auch zu kaltem, gekochtem oder zu geräuchertem Fisch sehr fein.

## Blaukraut mit Kümmel und Honig

Für eine große Familie (bis 6 Personen) werden gebraucht:

*1 mittelgroßes Blaukraut (Rotkohl), Salz, 100 g Butter, 1 feingehackte Zwiebel, 2 Eßl. Honig, 2 Eßl. Rotweinessig, 1 Eßl. Kümmel.*

Das Kraut wird fein gehobelt und schwach gesalzen. Dann erhitzt man die Butter in einer großen Pfanne, gibt die gehackte Zwiebel dazu und läßt sie glasig werden. Der Honig wird untergerührt und das Blaukraut in der Pfanne leicht gedämpft, bevor der Essig dazukommt. Den Kümmel in einer trockenen Pfanne unter ständigem Rühren leicht anrösten, bis er anfängt zu duften. Unter das Kraut mischen und das Ganze eine Viertelstunde zugedeckt köcheln lassen.

## Vollwertiges Erfrischungsgetränk mit Honig

*1/2 l Vollmilch, 3 Eßl. Joghurt, ca. 2 Eßl. Honig und 2 Bananen.*

Alle Zutaten kommen in den Mixer, danach stellt man das nahrhafte Getränk kalt und streut Kleie oder Dinkelflocken darüber. Selbst Frühstücksmuffel, vor allem aber Kinder, mögen diesen nahrhaften Milchshake.

## Gewürzter Apfelmost

Zum Aufwärmen an kalten Winterabenden nehmen wir:

*3 Eßl. Honig, 1 Zimtstange, 8 Gewürznelken, abgeriebene Muskatnuß, etwas Orangenschale (ungespritzt), 1 l guten Apfelmost.*

Alle Zutaten außer dem Most kommen in einen Topf und müssen 2 Minuten bei schwacher Hitze ziehen, damit die Gewürzaromen freigesetzt werden. Dann gießen wir den Apfelmost dazu und erhitzen ihn ganz langsam (nicht kochen lassen!). Er wird durch ein Sieb gegossen und dann in kleinen Schlucken genossen.

**Honigbräuche**

*Am Gründonnerstag warf in der Gegend von Reichenberg (Böhmen) ein Knecht, der sich vorher schweigend in fließendem Wasser gewaschen hatte, ein mit Honig bestrichenes Brot in den Brunnen, ein anderes in die junge Saat des Ackers.*

*Am Antlaßpfinztag (Fronleichnamstag) aß man in Horn in Tirol am Morgen nüchtern frischen Honig, um sich das ganze Jahr gegen den Biß wütender Hunde zu schützen.*

*In Österreichisch-Schlesien gab es früher am Heiligen Abend neben anderen Speisen Honigbrot und Kuchen. Ebenso bekamen die Rinder Äpfel und Honigkuchen; außerdem rieb ihnen der Bauer die Augenlider mit Honig ein, um sie das ganze Jahr vor Krankheit zu bewahren.*

*In den Schweizer Bergkantonen aßen (1746) Mann und Frau am Weihnachtsabend einen Honigkuchen als Zeichen der Gemeinschaft.*

## Honig-Schlaftrunk

Für dieses beruhigende Getränk, das den Abend beschließt, brauchen wir:

*12 Kardamomkapseln, 2 Eßl. Honig, 3/4 l Vollmilch.*

10 Kardamomkapseln werden mit einem Fleischspieß durchbohrt, die beiden übrigen aufgebrochen, die Häute entfernt und die Samen im Mörser zerstoßen. Dann läßt man den Honig in einem Topf bei schwacher Hitze langsam schmelzen, gibt die Kapseln sowie den Samen dazu und rührt das Ganze 2 Minuten lang. Schließlich wird die Milch angegossen und erhitzt. Sie soll 10 Minuten ganz schwach kochen, bevor wir sie durch ein feines Sieb in einen Krug gießen und den Gutenachttrunk genießen.

## *Honig und Gesundheit*

Bei allerlei Beschwerden wie Erkältung, Husten, aber auch zur Entspannung und vor allem zur Wundbehandlung wurde und wird Honig eingesetzt. Hier einige Beispiele:

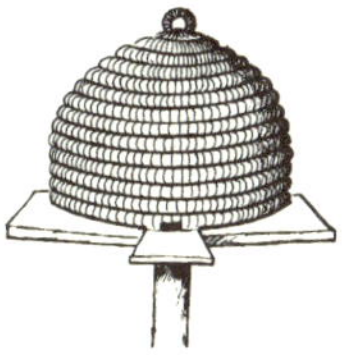

- Beruhigend wirkt vor dem Schlafengehen 1 Tasse lauwarmer Kamillentee, in den man 2 Teelöffel Honig eingerührt hat.
- Bei Erkältungen hat sich abgekühlter Salbeitee bewährt, den man mit 6 Eßlöffel Honig und 4 Eßlöffel Obstessig verrührt. Stündlich nimmt man 4 Teelöffel von dieser Mischung.
- Bei Husten und Heiserkeit bereitet man einen warmen Zitronensaft und mischt ihn nach Geschmack mit Honig.

## *Honig für die Schönheit*

Eine Reinigungsmilch aus Honig und Buttermilch klärt die Haut und macht sie geschmeidig. Dazu werden *2 Teel. Honig, 4 Teel. Buttermilch und einige Tropfen Rosenwasser* in einer Schüssel verrührt und dann sanft auf Gesicht und Hals aufgetragen. Man läßt den Honig-Balsam einige Minuten einwirken und entfernt ihn schließlich mit warmem Wasser.

Ebenso wohltuend wirkt eine Creme aus *1 Eßl. Honig (Blütenhonig!), 1 Eßl. Joghurt, 1 Eiweiß, einigen Tropfen Lavendelöl*, die man gut verrührt und aufs Gesicht aufträgt (nicht auf Augen und Lippen!). Man läßt sie einige Minuten einwirken und wäscht sie dann mit lauwarmem Wasser ab.

Jugendliche, die von Mitessern und Akne geplagt sind, können sich eine Honig-Gurken-Lösung zubereiten. Dazu braucht man *3 Eßl. Gurkensaft und 1 Teel. Honig*. Auf den Saft gießt man 1 Tasse kochendes Wasser und läßt den Aufguß abkühlen, bevor man ihn mit dem Honig verrührt. Mit einem Wattebausch tupft man die Lösung auf die betroffenen Hautstellen und läßt sie 40 Minuten einwirken. Dann wird sie abgewaschen.

***Honig-Träume***

***Im Traumbuch Apomasaris<br>von 1645 heißt es:<br>„Isset einer im Traum Honigseim,<br>so wird er die Ding überkommen,<br>die er nie gehofft hätte;<br>er wird auch klug seyn,<br>weil der Honig mit großer Klugheit<br>der Bienen gemacht ist.“***

**Nach solchen Träumen noch ein wenig ganz reale *Honig-Statistik*:**

- *Eine Biene besucht in 1 Minute 10 Blüten.*
- *Der Ausflug einer Biene dauert etwa 10 Minuten, und sie besucht dabei 100 Blüten.*
- *Eine Biene macht täglich etwa 40 Ausflüge und besucht dabei 4.000 Blüten.*
- *Ein Bienenvolk sendet täglich 10.000 Bienen aus, und diese besuchen dabei rund 40 Millionen Blüten.*
- *Um 1 kg Honig zu erzeugen, müssen 150.000 Bienen mit ihrer Honigblase in den Bienenstock zurückkehren. Bei einem solchen Ausflug haben sie etwa 1,5 Millionen Blüten besucht.*
- *Für die Erzeugung von 1 kg Honig müssen die Bienen eine Flugstrecke von 280.000 km (sieben Mal um die Erde) zurücklegen.*

# MILCH UND MILCH-WIRTSCHAFT

Wie's früher war
Milch-Zeichen
Butter und Käse von der Alm
Käse-Rezepte
Mond und Käse
Von Butterhexen
und Kasermandeln

# Milch und Milchwirtschaft

Der Milchsegen ist in Mythen und Sagen vieler Völker ebenso wie Tau und Regen eine Gabe, die vom Himmel kommt. Wiederholt ist in der Bibel die Rede von einem Land, wo Milch und Honig fließen – und das galt als Inbegriff des Paradieses. Die Milchstraße im All regte zu allen Zeiten die menschliche Phantasie an, und wenn es im Frühsommer Wärmegewitter gab, hieß es, „Gottvater rollt die Butterfässer und die Käselaibe über den Himmelsboden, daß es rumpelt".

Die Milch galt als kostbares Naß und durfte auf keinen Fall verschüttet werden. Bis heute erzählt man sich allerlei schreckliche Geschichten über Almen, auf denen ein immerwährender Fluch lastet, weil die Senner einst allzu fahrlässig und ohne Ehrfurcht mit dieser Gottesgabe umgegangen sind oder weil sie hartherzig arme Menschen abgewiesen haben. Auf der Feldalm in der hintersten Wildschönau wächst deshalb seither der Bürstling (Magergras, das vom Vieh nicht gern gefressen wird) und auf der Kuntlalm die giftige Hemma (Weißer Germer) – gleichsam als Strafe für die geizigen Senner und ihren achtlosen Umgang mit der Milch.

**Wie's früher war**

*Milch gab es bei uns daheim täglich zweimal, am Morgen, wenn die Mutter das Koch in der Kupferpfanne bereitete (wie auf Seite 96 beschrieben) und zum Abendessen: Dann stand eine große Holzschüssel (Empa) auf dem Tisch, die wir zum Brot auslöffelten. Manchmal kam auch noch Schotten (das beim Absieden der Molke ausflockt, mit einem Tuch abgefischt wird und fast wie Topfen schmeckt) dazu. Die kuhwarme Milch, die wir gleich nach dem Melken bekamen, war ein Gesundbrunnen für uns, und sie ist es auch heute noch für Kinder und Erwachsene. Natürlich wurde die Milch bei uns teilweise zu Butter, Topfen und Käse für den Verkauf weiterverarbeitet. Ein feines Erfrischungsgetränk war immer die „Stöckerlmilch", saure Milch, die in einem irdenen Topf im kühlen Keller stand und dort wochenlang frisch blieb. Die Molke setzte sich immer mehr ab, und das gestockte Milcheiweiß wurde mit dem Löffel gegessen.*

## Traditionelle Milchwirtschaft

Milch ist ein vom Gesundheitszustand der Kuh und von vielen äußeren Einflüssen abhängiges, äußerst sensibles Nahrungsmittel, ein ausgewogenes Naturprodukt, dessen Qualität nur dann befriedigend sein kann, wenn die Tierhaltung artgerecht und die Fütterung ausgewogen ist.

In einem gesunden Boden wächst eine artenreiche Pflanzengesellschaft heran, die den Tieren das ihnen gemäße Futter (sei es auf den Weiden, sei es in Form von Heu) liefert. Alles, was im Bereich der Lebensmittel Qualität haben soll, beginnt nämlich beim Boden, der noch seine ungeschmälerte Regenerationskraft besitzen soll und selbst negative Umwelteinflüsse durch Belebtheit weitgehend neutralisieren kann. Gerade in den Bergregionen stimmen die natürlichen Kreisläufe noch. Der Weidegang, hochwertiges Futter, eine artgerechte Tierhaltung ohne Streß (hier hat das Schlagwort von den „glücklichen Kühen" noch seine Berechtigung), die schonende Wirtschaftsweise der Bauern und auch eine entsprechende Zuwendung zu den Tieren sorgen dafür, daß ein wertvolles, gesundes Lebensmittel von bester Qualität entsteht. Gewissenhaftigkeit, Einhaltung der Hygienevorschriften und gleichbleibend hohe Qualität kommen selbstverständlich hinzu.

Die noch überall anzutreffenden Familienbetriebe sowie zahlreiche kleine und mittelständische Käsereien mit ihren zum Teil sogar international ausgezeichneten Spitzenprodukten sind ein Beweis für den Erfolg der traditionellen Milchwirtschaft, die wir uns unbedingt erhalten sollten.

*Der Käser auf der Milchviehalm, eine angesehene Fachkraft, hat nicht nur Schwerarbeit zu leisten, er trägt auch die ganze Verantwortung für die Verarbeitung und Veredlung der Milch zu Butter und Käse.*

## Milch-Zeichen

Milch ist als wässriges Medium sehr labil und reagiert sensibel auf kosmische Kräfte. Am günstigsten für die Bearbeitung von Milch und Michprodukten sind die Frucht- oder Blütetage (auf keinen Fall Blattage wählen!). Doch jeder, der im Bereich der Milchverarbeitung tätig ist, muß mitdenken, beobachten, vergleichen und sich unbedingt Notizen machen. Nur dann kann man wirklich herausfinden, an welchen Tagen, zu welchen Zeichen Mißerfolg droht und an welchen einfach alles zu gelingen scheint. Für die Erzeugung von Veredlungsprodukten aus Milch und für Kulturen in der Küche sollten wir die Tage von Krebs, Skorpion und Fisch (Element Wasser) sowie Zeiten der Erdnähe des Mondes meiden. Günstig sind meist die Tage im Zeichen von Löwe, Schütze und Widder, mäßig geeignet Zwilling-, Waage- und Wassermanntage. Natürlich können die Mondzeichen nicht das einzige Kriterium sein, die vorhin genannten Vorbedingungen müssen einfach stimmen, denn sie sind die wichtigste Voraussetzung für ein gesundes und wohlschmeckendes Produkt. Durch behutsame und kundige Wahl der richtigen Zeiten kann das Ergebnis aber noch verbessert werden. Immerhin konnte ich beim Vergleich von Stallbüchern über den Zeitraum von einem Jahr feststellen, daß bei günstiger Tageskonstellation Fett- und Eiweißanteil der Milch um 0,2-0,4 Prozent höher waren.

## Gegenläufige Tendenzen

In Großbetrieben mit Hunderten von Milchkühen wird nicht nur die Milchschwemme zum Problem, es leidet auch die Qualität. Statt das zu veredeln, was die Natur hervorbringt, werden Naturprodukte oft geradezu vergewaltigt; das Vieh ist nur noch Mittel zum Zweck, es gilt wie die Maschine als Wirtschaftsfaktor. Der Feldfutterbau, Gär- und Eiweißmastfutter aus riesigen Monokulturen und dic Silowirtschaft können zwar wirtschaftlichen Gewinn bringen, doch der innere Wert des Endproduktes bleibt dabei weitgehend auf der Strecke. Behandlung mit Hormonen, auf den Gewinn zielende Kreuzungen und rigorose Selektion in der Zucht haben nur ein Ziel: Ertragssteigerung.

Was fehlt, ist die ursprüngliche Natürlichkeit; durch hohe Kraftfuttergaben und junges, unausgereiftes Grün- und Gärfutter stehen die Tiere unter Leistungsdruck; es gibt keine natürliche Regulation, die Verdauungsorgane spielen nicht mit. Auch ein Mensch, der ständig Durchfall hat, ist schließlich nicht gesund und kann keine Leistung erbringen.

Bei den Inhaltsstoffen der Milch zählen in der industrialisierten Milchwirtschaft nur Fett- und Eiweißanteile, als meßbarer Wert wird die Keimzahl streng kontrolliert. Die nicht meßbaren Anteile der Milch aber, ihre feinstoffliche Zusammensetzung, ihr Wert als Lebensmittel von besonderem Geschmack und Aroma, fallen dagegen kaum ins Gewicht.

Und doch sind unsere Bauern bei allem Einsatz und dem Kampf um die selbständige Existenz (zumal in den Bergregionen) einem mörderischen Konkurrenzkampf ausgesetzt. Natürlich kann das echte Naturprodukt Milch im Wettbewerb mit einem anonymen Massenprodukt nur bestehen, wenn die Verbraucher

*Wer durch falsche Ernährung über lange Jahre oder durch Gesundheitsprobleme nicht im Vollbesitz seiner Abwehrkräfte ist, verträgt wahrscheinlich nur pasteurisierte Milch. Sein Organismus wird mit Bakterien, die der Gesunde mit aktiver Lebensgestaltung ohne alle Beschwerden verkraftet, einfach nicht fertig. Aber es ist nie zu spät, mit natürlicher, vollwertiger Ernährung, mit dem Genuß wirklicher Lebensmittel, anzufangen!*

*In Jahrhunderten hat sich die Almkultur entwickelt; sie bedeutet schwere Arbeit, aber auch einen Gleichklang mit der Natur.*

bereit sind, für Qualität mehr zu zahlen. Und den meisten sind Milch, Butter und Käse von Bauernhöfen und Käsereien mit natürlicher Milcherzeugung und -verarbeitung auch einen höheren Preis wert.

Die Zahl derer, die sich Milch und Milchprodukte wünschen, die nicht durch Pasteurisierung haltbar gemacht worden sind, wächst ständig. Rohmilchkäsereien und Rohmilchprodukte sind auf dem Vormarsch.

## Butter und Käse von der Alm

Die Bergbauern und manche Käsereien in der Alpenregion haben den Verbrauchern und Genießern im Sommer etwas ganz Besonderes zu bieten. Sie erzeugen Butter und Käse aus Milch von Kühen und Ziegen, die auf den Hochweiden, den Almen, grasen. Im sogenannten „oberen Stockwerk" der Alpenlandschaft ist die Vegetation viel artenreicher, das Wasser lebendiger; auch das Quellwasser, das die Tiere zu sich nehmen, ist von ganz unterschiedlicher und besserer Qualität. Es kommt nämlich beim Wasser nicht allein auf Frische und Temperatur an, sondern auch auf den Feingehalt von kaum meßbaren Mineralstoffen und darauf, daß es durch die Fließbewegung im Spannungsfeld aufgeladen ist.

Die Tiere haben auf den Almen außerdem viel Bewegung und ständig frische Luft, leiden nicht unter Stallstreß. Das wirkt sich natürlich auf die Qualität der Almmilch aus. Sie schmeckt nicht nur besser, sondern enthält auch mehr Vitalstoffe als gewöhnliche Milch. Entsprechend würziger und wertvoller sind natürlich auch die Produkte aus dieser Almmilch; sie werden teilweise gleich auf der Alm erzeugt, oder die Milch wird zu Tal gebracht und dort zu Butter und Käse weiterverarbeitet.

## Rezepte mit Käse

Käse wird zwar vor allem mit Brot zu kalten Mahlzeiten gegessen, spielt in der ländlichen Küche aber traditionsgemäß auch in vielen warmen Gerichten eine Hauptrolle und ersetzt oftmals das Fleisch.

*„Ich kenne die Meinen, und die Meinen kennen mich", heißt es für den Jörg, wenn er das Jungvieh lockt.*

## Kräuter-Kasnudeln

In manchen Gebirgsgegenden, wo frischer Topfen immer zur Hand ist und im Hausgarten vielerlei Kräuter zu holen sind, bereitet die Hausfrau mit viel Geschick diese würzigen Nudeln oder Teigtaschen, die in Wasser gekocht und mit heißer Butter übergossen werden.

Hauptzutat für die Nudel-Füllung ist *1 kg trockener Topfen (Quark).*

Für den Nudelteig:

*500 g feingemahlener Weizen oder eine Mischung aus Weizen und Dinkel, 1/2 Teel. Salz, 1 Ei, 1 Eßl. flüssiges Schmalz oder Öl, etwas Wasser.*

Für die Füllung (außer dem Topfen):

*150 g in kleine Würfel geschnittenes Schwarz- oder Weißbrot, 1 Ei, 2 Eßl. Sauerrahm, 2 Eßl. Butter, 2 Eßl. feingehackte Kräuter (zum Beispiel Petersilie, Kerbel, Thymian, Dill), Salz, Pfeffer, Butter zum Begießen.*

Aus Mehl, Salz, Ei, Fett und etwas lauwarmem Wasser wird ein glatter, nicht zu fester Teig geknetet, der eine halbe Stunde zugedeckt ruhen muß, bevor er auf der mit Mehl bestreuten Arbeitsplatte oder dem Nudelbrett ganz dünn (möglichst 1 mm) ausgerollt werden kann. Für die Füllung vermischen wir das kleingeschnittene Brot mit Ei und Sauerrahm. In der ge-

**Mond und Käse**

*In vielen Volkssagen wird der Mond als Käselaib beschrieben, und mancherorts glaubte man, daß er aus der Molke der Milchstraße zusammengeronnen ist. Der Mann im Mond aber soll ein käsender Senn mit dem Melkeimer auf dem Rücken sein. (Wenn ihm die Astronauten seinerzeit bei der Mondlandung begegnet wären, hätten sie ihre fade Raumfahrer-Kost mit frischem Mond-Käse aufbessern können!)*

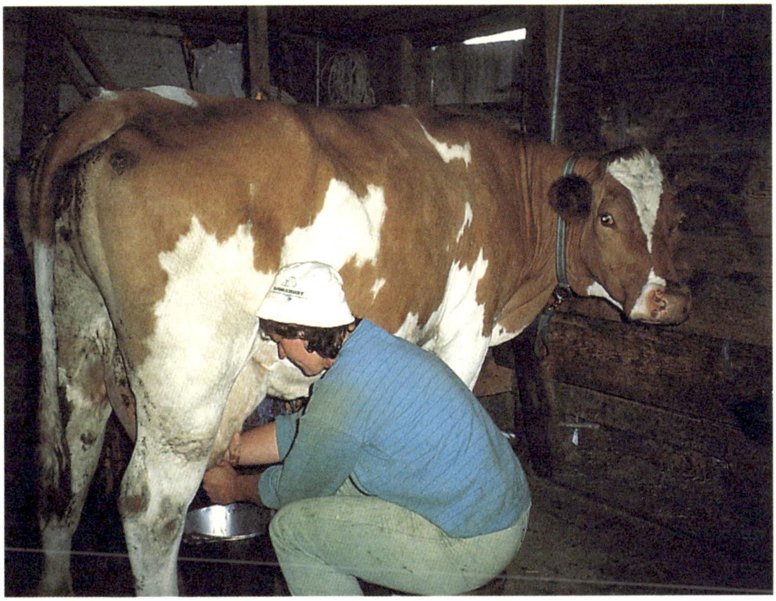

Die fleißige Bäuerin beim Melken.

Alternativer Landwirt am Käsekessel.

Ein prachtvoller Anblick: der volle Käsekeller der Burgerfamilie in Rettenschöss.

*Als Arbeitsgeräte für die Milchveredelung verwendet man 1931 auf der Schönangeralm noch Holzempa, Söchter, Karpfen und Zigal.*

schmolzenen Butter werden die Kräuter leicht angeröstet, bevor wir sie unter die Füllung mischen. Zum Schluß wird der Topfen untergerührt und die Masse mit Salz und Pfeffer gewürzt.

Auf die eine Hälfte des Teigs setzen wir nun in gleichmäßigem Abstand jeweils einen Löffel der Füllung. Dann wird die andere Hälfte der Teigplatte darübergeschlagen und jeweils um die Fülle fest angedrückt. Wir schneiden die Taschen oder Nudeln mit dem Messer oder dem Teigradel aus. An den Rändern wird jede Nudel nochmals gut zusammengedrückt, damit die Topfen-Kräuter-Füllung nicht herauskochen kann.

Die Nudeln werden dann in kochendes, leicht gesalzenes Wasser eingelegt und sollen mehr ziehen als kochen, bis sie nach 10-12 Minuten an die Oberfläche steigen.

Wir heben die Nudeln vorsichtig heraus und lassen sie etwas abtropfen, bevor wir sie mit heißer Butter übergießen und zusammen mit Krautsalat auf den Tisch bringen.

**Von Butterhexen und Kasermandeln**

*In den Alpentälern und auf den Almen erzählte man sich früher von allerlei Wald- und Vegetationsgeistern. Sie haben nach heidnischem Glauben nicht nur den Süßkäse erfunden, vielmehr sollen die sagenhaften Kasermandeln und Almstrudler sogar goldene Käse gemacht und gelegentlich verschenkt haben.*

*Teufel und Hexen konnten aber auch beim Geschäft des Käsens stören und schaden und allerlei Schabernack mit den Käsern treiben.*

*Beim Adlerbauern in Niederndorf 1895: In jeder ländlichen Gemeinde gab es einen eigenen Verarbeitungsbetrieb für Milchprodukte.*

## Kasknödel

Das traditionelle Tiroler Gericht wird je nach Region und Talschaft unterschiedlich zubereitet. In jedem Fall aber gehört natürlich Käse dazu.

Seine Würze geben dem Knödelteig *150 g geriebener Bergkäse (ersatzweise auch Emmentaler) oder zerbröselter Graukas.*

Außerdem brauchen wir:

*250 g Schwarzbrot oder 4 altbackene Semmeln, 1-2 Eßl. Butter, 1 kleine, gehackte Zwiebel, 1 Eßl. gehackte Petersilie, 1/2 Teel. Kümmel, 1-2 Eier, Salz, 1 Tasse Milch, Salz, 1-2 Eßl. Mehl.*

Das Brot wird in kleine Würfel geschnitten. In der heißen Butter rösten wir Zwiebeln und Petersilie leicht an und gießen die Mischung auf die Brotwürfel. Nach und nach werden alle übrigen Zutaten, einschließlich dem geriebenen Käse, in den Teig gemischt, der dann etwas stehen muß.

Wir formen schöne, runde Knödel aus dem Teig und geben sie in kochendes, gesalzenes Wasser. Bei ganz schwacher Hitze sollen die Knödel eine knappe Viertelstunde mehr ziehen als kochen.

In manchen Orten gibt man auch noch gekochte und zerquetschte Kartoffeln in den Teig.

**Woher die Milchstraße ihren Namen hat**

*Der Name Milchstraße führt uns, wie die meisten Sternbilder, in die griechische Sagenwelt. Als nämlich der Held Herkules noch ein Säugling war, legte ihn Vater Zeus seiner Gattin an die Brust, damit sie ihn nähre. Herkules aber sog so wild und ungestüm, daß ein mächtiger Strahl Milch vom Sitz der Götter über den Himmel schwappte und eine weiße Milchspur hinterließ.*

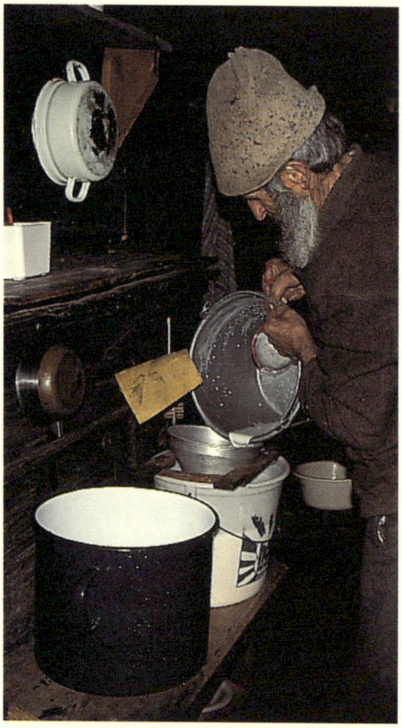

*Der Jörgl auf seiner Breiteggalm bei der Arbeit.*

*Mit Hingabe und Respekt verarbeitet er die Milch und geht sorgsam um mit dieser Gottesgabe.*

*Wir sollten uns immer wieder auf einen respektvollen Umgang mit unseren wertvollen Lebensmitteln besinnen, zu denen natürlich auch Milch, Butter, Käse und Rahm gehören. Der Einkauf von Milch und Molkereiprodukten ist Vertrauenssache. Wenn Verbraucher und Produzenten zu einer Interessengemeinschaft zusammenrücken, bekommt das Naturprodukt Milch – und alles, was daraus entsteht – eine neue Chance.*

## Topfenkas

Die hier beschriebene Mischung liefert einen gesunden, würzigen Brotaufstrich.

Gebraucht werden:

*2 mittelgroße gekochte Kartoffeln, 250 g trockener Topfen (Quark), 1 Eßl. Butter, 1 geschälte und zerdrückte Knoblauchzehe, etwas Milch oder Rahm, Salz, Pfeffer, 2 Eßl. feingehackte Kräuter (Petersilie, Dill, Zwiebellauch oder Schnittlauch).*

Die Kartoffeln werden fein gerieben oder durchgepreßt und mit Topfen und Butter gut vermischt. Dann kommt die zerdrückte Knoblauchzehe in die Masse, die wir nach Bedarf mit Milch oder Rahm noch etwas geschmeidiger machen. Zum Schluß wird der Aufstrich mit Salz, Pfeffer und den gehackten Kräutern aus dem Garten würzig abgeschmeckt.

Bauernbrot mit Topfenkas schmeckt nicht nur zur Jause oder Brotzeit, sondern auch am Abend zu einem Glas Wein.

*Rechts: Wer in mühsamer Kleinarbeit und in unmittelbarer Abhängigkeit von den Naturgewalten Lebensmittel produziert, weiß das tägliche Mahl („Schmarren und Milch") zu schätzen und genießt es mit Ehrfurcht und Dankbarkeit. Hier eine Familie aus der Passionsspielgemeinde Erl in den vierziger Jahren.*

# FLEISCH AUS ARTGERECHTER TIERHALTUNG

Steuern in die falsche Richtung
Chancen für bäuerliche Betriebe
Vegetarische oder gemischte Ernährung
Speck, ein würziges Naturprodukt

# Fleisch aus artgerechter Tierhaltung

Wenn ein Buch dem Umgang mit den Früchten der Natur gewidmet ist, so leuchtet es vielleicht nicht gleich ein, daß darin auch dem Fleisch ein Kapitel zugewiesen wird. Doch das Fleisch ist ein wichtiger Teil der Nahrungskette, an deren Ende sich der Mensch mit Grundnährstoffen versorgen kann. Pflanzen dienen als Sonnenkollektoren und Energieumwandler und machen in Form von Früchten und anderen eßbaren Teilen natürliche Energien auch für höherentwickelte Lebewesen wie Menschen und Tiere verfügbar.

In einer seit Jahrtausenden praktizierten und bewährten Lebens- und Ernährungsweise ist Fleisch ein wichtiges Nahrungsmittel. Seit den Urzeiten der Menschheit haben Jäger Tiere erlegt, um sich und ihre Familien davon zu ernähren. Die Jagd war neben dem Sammeln von Früchten, Samen und vielerlei Pflanzen Grundlage des Lebensunterhalts.

Bis heute beinhaltet vollwertige Ernährung auch tierische Produkte wie Milch, Eier und Fleisch. Was für die Bewohner der Meeresküsten sowie der See- und Flußufer der Fisch, das war und ist für die Menschen im Binnenland und vor allem in Gebirgsgegenden das Fleisch. Wo dem Getreideanbau durch natürliche Gegebenheiten Grenzen gesetzt sind, da spielt die Grünlandbewirtschaftung und die Aufzucht von Milch- und Schlachtvieh eine besonders wichtige Rolle für die Landwirtschaft und damit für die Ernährung der Bevölkerung.

Überall dort, wo Landwirte als Selbstversorger ihr eigenes Getreide, Obst, Kartoffeln und Gemüse kultivierten – natürlich entsprechend den Gegebenheiten von Landschaft und Klima mit unterschiedlichen Schwerpunkten –, wo sie Groß- und Kleinvieh herangezogen haben, da waren die bäuerlichen Strukturen noch intakt.

*Vorbildliche artgerechte Tierhaltung in Oberösterreich; Stift Schlierbach als Kultur- und Bildungszentrum des Kremstales.*

*Mustergültige „Apartments" für die Schweine.*

*Luftgetrocknet und geräuchert: eine rationelle Form der Konservierung in der alten Rauchkuchl.*

## Speck, ein würziges Naturprodukt

Seit Jahrhunderten hat man das Fleisch bzw. bestimmte Fleischteile vom Schwein zum Haltbarmachen gepökelt und geräuchert. In Zeiten, da es noch keine Kühlmöglichkeiten gab, war man auf diese Form der Konservierung angewiesen. Geselchtes und Gepökeltes mußte – zumal in den heißen Sommermonaten – das Frischfleisch ersetzen, das früher nur in der Zeit unmittelbar nach der Schlachtung auf den Tisch kam.

Längst ist aus der Notwendigkeit des Haltbarmachens durch Speckräuchern eine Tugend geworden, gelten doch die Spezialitäten der verschiedenen Regionen als begehrte Leckerbissen. Speck ist ein Markenartikel, der allerdings auch vermarktet werden muß. Viele Bauern haben inzwischen erkannt, daß nur gute, gleichbleibende Qualität zum wirtschaftlichen Erfolg führen kann; deshalb sind die Bio-Betriebe unter den Speckerzeugern heute auf dem Vormarsch.

## Mit der Tierhaltung fängt es an

Artgerechte Züchtung, Tierhaltung mit großzügigem Auslauf, mit Liegeplatz, Freßplatz und Mistplatz sowie mit einer nie versiegenden Wasserstelle und harmonischer Fütterung sind Grundbedingungen für ein Produkt, das den Zusatz „Bio" wirklich verdient. Die Schweine müssen abwechslungsreich, also auch mit Grünfutter und Häckselstroh zur freien Entnahme, versorgt werden. Ausreichendes Tageslicht, gute Luftqualität und angenehme Stalltemperatur sorgen dafür, daß die Tiere sich wohl fühlen können.

Erleben sie aber beim Transport zur Schlachtung gravierende Veränderungen – die Hektik des Aufladens, Lärm und Geschrei von Personen, mit denen sie nicht vertraut sind –, verändert sich ihr Stoffwechsel, und sie leiden unter Sauerstoffmangel; Qualitätseinbußen beim Fleisch sind die Folge.

Das Tier, das zur Schlachtung vorgesehen ist, sollte bis zum letzten Augenblick Vertrauen zu seinen Bezugspersonen haben; das Schlachten muß überraschend erfolgen.

*In der alternativen Landwirtschaft werden heute mit Engagement und Sachverstand Spitzenprodukte für die Direktvermarktung erzeugt.*

## Qualität und Tradition

Salz und Rauch in dunklen Räumen mit relativ trockener Luft sorgen dafür, daß der Selchvorgang gleichmäßig abläuft. Wichtige Kriterien sind zu beachten, damit das Endprodukt die erwartete gute Qualität hat.

Einer der Pioniere der Räucherspeckbereitung, der sein Wissen auch in vielen Kursen an andere weitervermittelt, ist Georg Moser, Holzbauer auf Zimmermoos bei Brixlegg. Zum Glück findet er heute immer mehr Nachahmer, die wie er Qualitätsspeck erzeugen und dafür auch ihren Markt finden.

## Regionale Unterschiede

Die Art des Würzens, Pökelns und Beizens, durch die das Fleisch und damit der Speck den typischen Geschmack bekommen, ist das Geheimnis jedes Erzeugers und auch von Region zu Region unterschiedlich. Abgesehen von den Grundzutaten gibt es Familienrezepte, die seit Generationen immer feiner abgestimmt wurden und bis heute überliefert sind.

Das soll zum Beispiel die nachfolgende Würzmischung verdeutlichen:

**Speckgewürze der Familie Moser auf Zimmermoos**

*1,6 kg normales Kochsalz*
*0,04-0,08 kg Feinkristallsalz*
*0,20 kg Wacholder*
*0,20 kg Knoblauch*
*0,10 kg schwarzer Pfeffer*

*Die beiden erstgenannten Salze vermischen. Wacholder, Knoblauch und schwarzer Pfeffer werden durch den Fleischwolf (4-mm-Einsatz) gedreht. Vor der Verwendung setzt man den durchgedrehten Gewürzen etwas von der Salzmischung zu, damit sie leichter rieseln.*

Aber es gibt, wie gesagt, nicht nur ein Rezept für würzigen Bauernspeck; und da die Geschmäcker ja nicht gleich sind, sollte man verschiedene Erzeugnisse probieren, bis man sein persönliches Lieblingsprodukt gefunden hat.

*Rückbesinnung auf jahrhundertealte Tradition verbindet sich mit marktgerechter Überlebensstrategie, damit man im Konkurrenzkampf der Landwirtschaft bestehen kann.*

## *Steuern in die falsche Richtung*

Natürlich kann heute nicht mehr jeder Bauer Selbstversorger sein, nicht alle Produkte selbst heranziehen, natürlich müssen Tierzüchter das Produkt Fleisch auch zum Verkauf an die Konsumenten erzeugen und sich dafür einen Markt schaffen. Doch das seit Jahrhunderten so gut funktionierende Gefüge von Erzeugung und Verbrauch der Nahrungsmittel ist in den letzten Jahrzehnten immer mehr aus dem Lot geraten. Die sattsam bekannten negativen Schlagworte unserer Zeit heißen Massentierhaltung, Massentiertransporte, industrielle landwirtschaftliche Produktion, Nahrungsmittelschwemme, Butterberge, Weinseen, Stützungskäufe, Schiebereien über Grenzen hinweg, Stillegungsprämien, Wertminderung durch Einlagerung und schließlich Vernichtung von Nahrungsmitteln.

*Hier, wo die Hennen glücklich sind, hat ein stolzer Hahn gut krähen.*

*Wichtig für die Gesundheit der Tiere ist eine artgemäße Beschaffenheit ihres Umfeldes.*

In der Folge dieser Entwicklung kam und kommt es zu unzähligen Skandalen: Unerlaubte Verabreichung von Antibiotika und Hormonpräparaten an Schlachttiere, illegale Mastfördermittel, Tierfabriken, Batteriehaltung von Geflügel usw. Angesichts solcher Schlagzeilen und Bildreportagen in den Medien kann auch gutwilligen Verbrauchern der Appetit vergehen.

Der Bauer, aber auch der verantwortungsvolle Metzger im Familienbetrieb, die das Lebensmittel Fleisch noch mit Respekt vor der Natur erzeugen, werden angesichts der Machtkämpfe von Fleischgiganten, der Konkurrenzschlachten verschiedener Handelsketten, von Schleuderpreisen und Sonderangeboten immer mehr in die Enge getrieben. Trotz zahlreicher Aufklärungsaktionen wollen viele Konsumenten immer noch nicht begreifen, daß die Gesetze des Marktes nicht nur für niedrige Preise sorgen, sondern auch Wirtschaftsformen fördern, bei denen der bäuerliche Familienbetrieb und die naturgemäße Landwirtschaft auf der Strecke bleiben. Zu leiden haben darunter letzlich nicht nur Bauern und Endverbraucher, sondern auch die Tiere, denen unwürdige Methoden von Aufzucht, Haltung, und Schlachtung zugemutet werden. Hinzu kommen noch die grausamen Tiertransporte über ganze Kontinente hinweg, gegen die sich inzwischen immer mehr Menschen voll Abscheu wenden. Der Mensch versündigt sich durch minderwertige Nahrung an sich selbst, aber in wachsendem Maße auch an der unschuldigen Kreatur.

Schärfere Tierschutzgesetze, verstärkte Kontrollen, Verzicht auf Massentierhaltung und Käfighaltung bei Geflügel können aber nur erreicht werden, wenn wir Fleisch und andere Tierprodukte ablehnen, die unter so unwürdigen Bedingungen erzeugt und auf den Markt gebracht werden. Daß diese Wirtschaftsform zunehmend in Verruf kommt, hat inzwischen auch viele

*Ihre Freiheit lieben nicht nur die Bergschafe im Hochgebirge, sondern auch das Milchschaf. Und es bedankt sich dafür mit besseren Produkten.*

Verantwortliche wachgerüttelt, und man sucht Auswege aus der Krise.

## Chancen für bäuerliche Betriebe

Eine wachsende Zahl von Menschen findet heute wieder zu einer bewußten Ernährung, in der gesunde Naturprodukte die Hauptrolle spielen. Und immer mehr Bauern erkennen ihre Chance, sich mit wirklichen Qualitätsprodukten eine Marktnische zu erschließen. In vielen Regionen, vor allem auf dem Land, ist es wieder üblich, daß die Verbraucher direkt zum Erzeuger kommen, um sich die Lebensmittel – darunter Eier, Fleisch und Fleischprodukte – dort zu holen, wo sie erzeugt werden. Auch ländliche Metzgereien, die sich die Schlachttiere aus dem unmittelbaren Umfeld holen und selbst verarbeiten, bieten eine Alternative zur Massenproduktion von Fleischwaren. Viele Bauern finden inzwischen auch den Weg auf nahe Bauernmärkte und in Bauernläden, in denen hochwertige Lebensmittel vermarktet werden. Wichtig ist, daß sich die Anbieter von Qualitäts-Lebensmitteln mit der Zeit einen Kundenstamm aufbauen; nur so kann sich schließlich ein Vertrauensverhältnis zwischen Erzeugern und Kunden entwickeln, werden Gütesiegel wie „Freilandhaltung", „Berglamm", „Vollmilchkalb" u.ä. glaubhaft. Sie erweisen sich dann als vertrauensbildende und nicht nur werbewirksame Maßnahmen.

In vielen Regionen hat man, angeregt vom Pioniergeist einfallsreicher Bauern und landwirtschaftlicher Fachleute, neue Wege gefunden; Selbstvermarkter- und Nahversorgungsmodelle wurden entwickelt, Bildungseinrichtungen und Kommunikationszentren geschaffen. Oberste Maxime solcher Pioniergruppen ist vorbildliche artgerechte Tierhaltung, eine unmittelbare Beziehung zu seinen Tieren, Vorsorge um Tierge-

sundheit und Wohlbefinden. Hier ist der Werbespruch von den „glücklichen“ Schweinen, Kühen, Hühnern kein leeres Schlagwort, sondern Realität.

Überall dort, wo vollwertige Nahrungsmittel im Einklang mit der Natur und mit Rücksicht auf Mensch und Tier erzeugt werden, müssen sich Erzeuger und Verbraucher in Verantwortung und Vertrauen verbünden. Menschen, denen eine qualitätvolle Ernährung für sich und ihre Familie am Herzen liegt und die entsprechend aufgeklärt werden, sind dann durchaus bereit, für Qualität auch mehr zu zahlen. Lieber weniger, dafür aber Hochwertiges zu essen, bringt nicht nur mehr Leistungskraft und Vitalität, sondern auch eine Steigerung der Lebensqualität und Gesundheit an Körper, Geist und Seele!

Hochwertige Produkte aus der besonders arbeitsintensiven heimischen Landwirtschaft verdienen einen höheren Preis; Erzeuger und Verbraucher müssen zusammenstehen und zusammenhelfen. Die Landwirtschaft ist es, die in unseren Breiten Kultur und Landschaftsbild geprägt hat. Im Konkurrenzkampf mit den Anbietern von Billigprodukten braucht sie unsere Unterstützung. Wenn wir hochwertige Produkte einkaufen, tun wir etwas für unsere Gesundheit, unterstützen den Pioniergeist vieler Bauern, sichern die Nahversorgung und fördern zugleich die Bemühungen der Tierschützer um artgerechte Haltung.

Wir sind aufgefordert, mit den Spezialitäten jeder Region die eigene Vollwertküche vielgestaltiger zu machen und zu ergänzen. Ob wir Lebensmittel aus den Bergen oder dem Flachland, aus den Meeren oder Binnenseen, von den Hochalmen oder aus dem Feldfutterbau verzehren – wir sollten immer darauf achten, daß sie aus überschaubaren, intakten Strukturen kommen, vollwertig sind und dem ganzen Menschen dienen.

**Vegetarische oder gemischte Ernährung**

*Jeder Mensch muß für sich entscheiden, ob er eine gemischte Ernährung aus pflanzlichen und tierischen Produkten vorzieht oder auf Fleisch ganz verzichten will. Abgesehen von ethischen, moralischen und religiösen Aspekten, die hier nicht zu diskutieren sind, spricht vieles für eine vollwertige Ernährung mit reichlich Gemüse und Obst, mit Getreide und Kartoffeln, aber auch mit Eiern, Milchprodukten und Fleisch. Letzteres liefert uns hochwertiges Eiweiß, Vitamine (vor allem Vitamin B1) und Mineralstoffe und läßt eine gemischte Kost durchaus sinnvoll erscheinen.*

***Für alle sparsamen Hausfrauen***
***ein klares Bekenntnis aus unserer eigenen***
***Erfahrung und Lebenspraxis:***
***Die Hälfte weniger, aber hochwertig zu essen,***
***bedeutet die doppelte Leistungskraft,***
***gesteigerte Lebensqualität, Vitalität und***
***Gesundheit an Körper und Seele!***

# BRAUCHTUM UND LEBENSGEWOHNHEITEN ÜBERS JAHR

Perchtentag
Lichtmeß
Gertrauditag
Walpurgisnacht
Portiunkula
Flachs brechen und spinnen
Zeltenbacken

4,50

# *Brauchtum und Lebensgewohnheiten übers Jahr*

*Wie die Alten sungen, so zwitschern auch die Jungen; die Tradition der Dreikönigsbräuche.*

*Nach schwerem Tagwerk raucht der Bauer seine verdiente Pfeife; die Frauen haben noch keine Ruh, sie lassen Spinnrad und Haspel surren.*

Der Festkreis eines Jahres steht in enger Beziehung zur Natur und zum Wechsel der Jahreszeiten. Die Menschen brauchen Ereignisse, an denen sie sich orientieren, auf die sie sich freuen und auf die sie hinarbeiten können. Sie benötigen bei aller Arbeit auch Anlässe zum Innehalten und Nachsinnen, zum Feiern in der Gemeinschaft und zum Fröhlichsein.

Angesichts einer Überflutung mit Reizen, eines ausufernden Konsum- und Unterhaltungsangebotes, des Verlustes an Bodenständigkeit und Eigenheit ist es wohl sinnvoll, daß wir uns an den Jahreslauf früherer Generationen erinnern und uns vergegenwärtigen, welche Ereignisse von Monat zu Monat den Alltag der Menschen – vor allem in der Alpenregion – geprägt haben.

## Jänner (Januar) – Perchtentag

Das alte Bauernjahr nimmt mit der dritten Rauhnacht, dem Perchtentag oder Dreikönigsabend, seinen Anfang. Am Abend nach dem Rosenkranz wurde am Familientisch die erste Hälfte der Perchtensuppe gelöffelt – als Zeichen, daß das Alte zu Ende geht und etwas Neues beginnt.

Die Suppe aus heißer Milch mit eingeschnittenem Brot, atemraubend gesalzen und gepfeffert, war nicht irgendein Gericht, sondern barg die Möglichkeit von Segen oder Verderb. Jeder mußte beim Auslöffeln mittun, wenn nicht Unheil über das Haus kommen sollte. Schließlich sind die langen Winternächte von allerlei guten und unheimlichen Kräften und Geistern belebt. Die Dämonen der Finsternis gilt es zu vertreiben, den

*Maiskolben zum Trocknen beim Lederer in Niederndorf: Das Kreuz inmitten der Raufe mit den Türkenzapfen spricht von Dankbarkeit.*

lichtbringenden Feen soll schöngetan werden. Der Rest der Suppe wurde mit allen Löffeln vors Haus gestellt. Die Perchten ziehen nachts durchs Land und waschen darin ihre Haare, kosten die Suppe und übertragen die guten Wünsche.

Am nächsten Morgen wurde weitergegessen, und keiner durfte sich drücken. Jeder suchte nach dem Perchtenhaar in der Suppe.

Wir Kinder schliefen unruhig in der Dreikönigsnacht, lauschten, ob wir nicht Löffel klappern hörten, ob wohl die Perchten bei uns eingekehrt waren. In äußerster Spannung horchten wir auf jeden Laut. Auch wenn nur ein harmloses Mäuschen im Zwischenboden raschelte – in dieser Nacht waren es die Perchten, die auf ihren Besen über die Jöcher fegten und denen auch nicht der geheimste Gedanken verborgen blieb.

## Feber (Februar) – Lichtmeß, „Schlengltag“

Der Tag und damit die Arbeitszeit wächst wieder:

„Weihnachten um an Muggengaugletzer,
zu Neujahr um an Hahnenschritt,
zu Dreikönig um an Hirschensprung,
und zu Lichtmeß um a ganze Stund“.

Die Natur bereitet sich auf den Frühling vor, die Bienenkönigin fängt an, ihr Brutnest anzulegen. Wachs, Lichterfreude, Sieg über die Dunkelheit: das Fest Mariä Lichtmeß. Das Arbeitsjahr des Bauern beginnt. Am sogenannten Schlengltag wurden Knechte und Mägde, Schnitterinnen und Holzknechte ausgezahlt. Mit Handschlag bekräftigte man, wenn sie ein weiteres Jahr im Dienst blieben oder gab sie frei für einen neuen Brotgeber.

Wenn zu Lichtmeß der Bär, der Dachs und der Fuchs aus dem Loch kriechen, wie es im Volksmund immer noch heißt, sollen sie nicht von der warmen Sonne geblendet werden, sonst kriechen sie für weitere vierzig Tage ganz tief in ihren Bau. Stürmt und schneit es, so verweilen sie im vorderen Teil der Behausung, weil das Frühjahr nun nicht mehr lange auf sich warten läßt.

„Ist Mariä Lichtmeß hell und rein,
wird noch ein langer Winter sein."
"Tanzen zu Lichtmeß die Muggn,
muß der Bauer nach Futter guggn."
„Wenn's aber zu Lichtmeß stürmt und schneit,
ist der Frühling nicht mehr weit."

Dem längeren Tag, dem vollen Schein und der zunehmenden Kraft der Sonne gilt unsere Ehrerbietung. In der Kirche gibt es Kerzenopfer und Kerzenweihe, vielerorts auch Lichterprozessionen und Gelöbniswallfahrten. Die Kerze begleitet den Menschen von der Wiege bis zur Bahre, am Anfang ist es die Taufkerze, am Ende der flackernde Kerzenschein der Totenwache. Die schwarze Wetterkerze dient der Abwehr von Blitzschlag und Unwetter, die wärmende Kerze vor der Krippe und zu Notzeiten im Fenster als Wegweisung und Einladung, die Osterkerze als Zeichen der Freude. Die Imker weihen dem heiligen Ambrosius eine reichverzierte Kerze und hoffen dafür auf ein gutes Wachs- und Honigjahr.

Brauchtum dieser Art hat eine lange Geschichte, hing doch das Geschick der Menschen jahrtausendelang ab von den Erträgen aus Feld und Weinberg, aus Wald und Wiese. Sie waren nicht nur eng mit der Natur verbunden, sondern abhängig von ihr, standen im Spannungsfeld der Naturkräfte.

Mit furchterregenden Masken, klimpernden Schellen und Peitschenschnalzen treibt man zur Fastnacht, Ende Februar, die Dämonen und damit den Winter aus.

Es folgen Wochen der Einkehr und Besinnung, die Fastenzeit; mit dem Osterfest wird dann dem Licht, dem Leben, der Freude zum Sieg verholfen.

## *März – Gertrauditag*

Im Lenzmonat baden sich unzählige kleine Lebewesen im Schmelzwasser, und sie wecken mit der Schneefeuchte tief im Boden Leben und Kräfte für die neue Vegetation. Unter den Frühblühern bieten sich den frühjahrsmüden Menschen viele Heilkräuter an. Neben anderen Höhepunkten hat uns der März das Fest der heiligen Gertraud (17. März) zu bieten.

„Gertraud führt die Kuh zum Kraut,
die Bienen zum Flug und
die Roß zum Pflug!"

Zu diesem Festtag gab es früher für die fleißigen Spinnerinnen feines Weißbrot und Eier. Das Spinnen wurde eingestellt, die Arbeit im Haus reduziert; das schwere Tagwerk auf den Feldern begann. Zu Gertraudi gab es Bauernmärkte und Roßmärkte, weil endlich der Holzbringwinter vorbei war, und die Aussaat begann. Zwar galt Gertraudi als „Bauernfeiertag", weil der Neuanfang ja ein Grund zum Feiern ist, doch ruhte an diesem Tag die Bauernarbeit keineswegs, ihr gingen aber Kirchgang und Gebet voraus. Die Bäuerin segnete das Saatgut, der Bauer streute ein Kreuz aus Samenkörnern im freien Wurf an den Anfang des Ackers und schritt dann gleichmäßig säend sein Feld ab. Wer wie ich das tiefsinnige Brauchtum des Getrauditags noch erlebt hat, der vergißt solche Szenen ein Leben lang nicht, fühlt sich verpflichtet zu ganzheitlichem Denken, hat das Bedürfnis, in Dankbarkeit, aber auch kritisch, all das aufzuschreiben und weiterzugeben.

## *April – Jörgentag*

Sankt Georg, der Patron vieler Pfarrgemeinden, wurde nach dem alten Kalender am 23., mancherorts am 24. April gefeiert. Leider ist dieser Heilige wie so viele andere von den Kalendermachern mit all seinem Brauchtum wegrationalisiert worden.

„Sind die Reben zu Georg noch blind,
so freut sich Mann und Frau und Kind."
„So oft es vor Jörgi donnert,
so oft folgt nach Jörgi Schnee!"

Mit dem Georgen- oder Jörgentag, einem uralten Lostag und „Bauernfeiertag", treten alljährlich alte Rechte in Kraft. Manche Winterwegrechte werden an diesem Tag aufgehoben (in einigen Orten auch schon zu Gertraudi oder Josefi). Nach Jörgi darf niemand mehr übers Feld gehen, denn der Anbau ist vollzogen und alle Vorbereitungen mit dem „Grasmist" sind abgeschlossen. Um die guten Geister zu wecken und das

Wachstum anzuregen, findet vielerorts das Grasausläuten statt.

Früher, so steht es in den Ortschroniken geschrieben, rückten die Jungbauern zum Grasausläuten aus, angeführt vom Hoagmoar, dem stärksten Burschen der Talschaft (oder von einem Melker mit großer Kopfkraxn). Heute ziehen nur noch die Kinder mit Bergstock, Blumengebinde und Salztasche (fürs Kleinvieh, also Ziegen und Schafe) von Haus zu Haus, läuten und sprechen Segenswünsche. Die Bäuerin bringt ihnen Kloabern oder Krapfen. Geht es am Kornfeld vorbei, hält man die Klachl (Klöppel) der Glocken fest, denn im Getreide braucht der Bauer kein Gras. Nicht nur das Gras wird zu Georgi geweckt, sondern auch der Gugg (Kuckuck), der dann bis Jakobi ruft, wenn er im Land die ersten Troatschöber (Getreidemandln) sieht.

## Mai – Walpurgisnacht und Maiandacht

Der Wonnemonat Mai, der Marienmonat, bringt die schönste und üppigste Blumenpracht zur Entfaltung.

In der Nacht auf den 1. Mai sind die Hexen auf ihren Besen unterwegs und feiern ihr großes Fest. Die Walpurgisnacht war früher eine der Freinächte; da stellten die Burschen den braven, fleißigen Mädchen geschmückte Fichtenbäumchen vors Fenster. Heute werden überall die riesigen Maibäume aufgestellt. Eigentlich soll der Maibaum am letzten Apriltag noch im Wald stehen, und doch in der Morgendämmerung

*Grasausläuten: Die Holzbuben auf Zimmermoos sind stolz auf Hahnenfedern und Glocken; die kleine Schwester ist das 50. Enkelkind meiner Eltern.*

*Gemeinschaftsarbeit verbindet, das schwere Tagwerk prägt die Menschen; Rettenschöss 1926.*

des 1. Mai schon auf dem Dorfplatz sein. Der Maibaum bleibt vom 1. Mai bis Kirchweih stehen, christliches und heidnisches Brauchtum verbinden sich mit diesem Symbol. Überall gibt es Maisingen und Maiblasen, Bittgänge, Prozessionen, Ausflüge, Feld- und Flursegnungen. Mit Fahnenschwingen und Goaslschnalzen, mit Volkstanz und Maikranz, mit Maipfeiferl und Grillengezirpe preist man die wärmende Frühjahrssonne und die Fruchtbarkeit.

Der 1. Mai war für die Bauern oft ein Tag der Arbeit, ein „Bauernfeiertag", an dem man sich zu Gemeinschaftsarbeiten traf: Kirchweg ausbessern, Gemeinschaftszäune herrichten, Zaunringe machen, Holz herrichten, Almen und Heimweiden instandsetzen.

## *Juni – Fronleichnam*

Die Sonn- und Feiertage im Jahresfestkreis haben alle ihre besonderen Namen, die, mit Respekt ausgesprochen, auch inwendig nachklingen, weil sich bestimmte Erinnerungen damit verbinden. Sie waren und sind bis heute Höhepunkte und willkommene Unterbrechung des harten bäuerlichen Alltags.

In den Gebirgsregionen gilt der Almauftrieb als Großereignis dieses Monats. Früher waren es oft stundenlange Anmärsche, vielfach auch mit Kleintieren und begleitet von Frauen und Kindern. Da wird die Sennhütte gelüftet und von Spinnweben sowie den Spuren des Kasamandls befreit und der erste Rauch durch die Schindeln getrieben. Für vier Monate ist sie nun Behausung des Almpersonals. (Weiteres über die Almkultur ist im Band „Vom Umgang mit den Zeichen der Natur" nachzulesen.)

Das größte Fest im Juni aber ist Fronleichnam, auch Gotts Leichnamstag oder Blutstag geheißen. In Gemeinschaftsarbeit werden Wege und Zäune, Marterl und Wegkreuze geschmückt, die Altäre aufgerichtet, alles festlich verziert und blumenbekränzt. Es beginnt schon

*Arbeitswelt und Traditionen sind dem Wandel der Zeit unterworfen.*

bei der Tagwache, niemand will als letzter aufwachen, niemand darf an diesem Tag weinen. In der schönsten Festtagstracht geht's zum Hochamt und zur Prozession. Man erbittet Wettersegen für die Fluren, Verschonung von Blitz- und Hagelschlag. Christliche und uralte heidnische Riten treffen sich im Brauchtum zum Fronleichnamstag, das heute leider, wie auch andere wertvolle Traditionen, schon vielen fremd geworden ist.

## Juli – Jakobitag

Das Fest Mariä Heimsuchung am 2. Juli lädt zu einer Wallfahrt ein; gern pilgern die Familien dann zur nächstgelegenen Kapelle. Nicht selten gehen zum Monatsanfang schwere Gewitter nieder, und die schwarze Wetterkerze tut ihre guten Dienste. Besonders Kinder finden durch solch ein Naturschauspiel leichter zu einem andächtigen Stoßgebet. Der Margaretentag ist ein Lostag und bringt angeblich immer schöne Tage (Greantag) mit sich.

Am 23. Juli beginnen die Hundstage, die heißesten Tage im Jahr.

„Hundstage hell und klar,
zeigen an ein gutes Jahr."

*Festtagstracht und Begegnung am Feldkreuz.*

*Beim Almauftrieb, aber auch zum Jakobitag, am Almkirtag und beim Almabtrieb sind alle mit Freude und Stolz dabei.*

Am 25. Juli aber ist das Fest Jakobs des Älteren, der „Jaggerstag". Dieser Tag soll mit dem darauffolgenden Annatag gleich eine schöne „Jaggerswoche" versprechen. Rund um den Jakobitag ranken sich zahlreiche Sprüche und Bräuche. „Hundert Tage nach dem ersten Reif ab Jakobi schneit es." Eine zuverlässige Regel, nach der kann man gehen. Er teilt im Gebirge den Almsommer. Die Almleute kommen auf einer der Almen erstmals in diesem Sommer zusammen, tauschen Erfahrungen aus und sorgen für Unterhaltung. Frühe „Herbstkühe" (die schon im September kalben) werden trockengestellt; die Milch wird noch gehaltvoller, die Tiere sind träger und zufriedener. Auf kleineren Almen wird nun seltener gekäst und gebuttert; andere Arbeiten sind zu tun. Das Jungvieh beginnt zu „leiben", es wird kräftig und schwer, obwohl es weniger Futter braucht. Stundenlang liegen die Tiere in der Sonne und genießen das Schönwetter, bevor die Nächte wieder empfindlich kalt werden. Die Ziegen gehen in die Beerenschläge, und die Milchmenge läßt stark nach. Die Jungvögel in den Horsten der Greifvögel werden flügge und kreisen über die Bergmähder (wo außerhalb der geschlossenen Wirtschaftseinheiten Heu geerntet wird).

## August – Portiunkula und Bartholomä

„Tau ist im August so not,
wie jedermann sein täglich Brot."

Der August soll heiß sein, und starker Tau verspricht das Anhalten des Schönwetters.

Am ersten Sonntag im August betet man um Ablaß für sich und die armen Seelen. Auch von der Alm herunter kommen an diesem Tag die Leute zur Kirche und zum Gebet. Der weite Weg, der Feiertag, das Gemeinschaftsgefühl haben ihnen vielleicht sogar mehr

*Der Sommer geht zu Ende, und es heißt „z'sammschaffern" für den Abtrieb der Schafe übers Joch.*

gegeben und bedeutet als heutzutage den Menschen der Flug an ferne Urlaubsziele. Brauchtum war gelebter Bestandteil des Alltags und Sonntags, wichtiger Lebensinhalt und sicher mehr als ein Attribut der Fremdenverkehrswerbung.

Nach dem Großen Frauentag (Mariä Himmelfahrt) am 15. August mit der Weihe des Kräuterbüschels (beschrieben im Band „Vom Umgang mit den Zeichen der Natur") kommt am 24. August der markante Lostag Batholomä. Auf den höchstgelegenen Schafalmen beginnt das „Z'sammschaffern"; die Schafe werden zusammengetrieben, um bei Wettereinbrüchen mit stärkerem Schneefall gerüstet zu sein. Die Sitzplätze auf Hochalmen müssen geputzt, Kuhfladen zusammengeschichtet werden. Es gibt erste Nachtfröste, die Hochalmen färben sich rot und künden den kommenden Herbst an.

## *September – Kleiner Frauentag und Almabtrieb*

„Maria Geburt flieg'n die Schwalben furt", heißt es, und tatsächlich beginnt es am Kleinen Frauentag zu herbsteln. Mancherorts ist der Tag mit Festlichkeiten und Kräuterweihe verbunden, im traditionsreichen Mariastein zum Beispiel gibt es die „Unterinntaler Katholikenwallfahrt". Die Bäuerinnen gehen in die „Granggln" (Preiselbeeren), die Bergmähder sind abgeerntet, Silberfäden des Altweibersommers hängen in der Luft. Uns Kindern erzählte man, daß sie vom himmlischen Spinnrocken fliegen, weil die Gottesmutter Garn für ein Kleid des Jesuskindes spinnt. Der Sonntag um den Marianamentag wird vielerorts als Hochfest der Jungfrau gefeiert und ist mit viel Brauchtum für die Jugend verbunden.

Am 17. September fand im Brixental die „Schaflschoad“ statt. Schafe, Kalbinnen und Pferde (bis zu 1000 Stück) wurden abgetrieben und den Besitzern übergeben. Manche bekamen die gemarkten Ohren verendeter Schafe überreicht, die durch Naturereignisse wie Steinschlag, Muren, Blitz umgekommen waren. Böse Zungen behaupteten, daß mancher Widder auch in der Bratpfanne des Hüters geendet hat.

Am Matthäus- und am Michaelstag fanden bereits die ersten Herbstmärkte statt.

Mit dem Michaelstag ist dann auch für die ganz zähen Senner der Almsommer vorbei, der Almabtrieb folgt; ein Fest für jede Bauernfamilie, inzwischen auch ein Ereignis für späte Sommergäste.

***Almabtrieb ist ursprünglich kein farbiges Spektakel. Durch Jauchzer und Glockenklang gibt man der Dankbarkeit Ausdruck; doch zugleich macht dieser Tag nachdenklich und wird zu einem wunderschönen inwendigen Erlebnis.***

Heute wird der Abtrieb des Viehs von den Almen an manchen Orten gleich auch zu gut organisierten Bauernmärkten aufgewertet, um die Anliegen der heimischen Landwirtschaft stärker ins allgemeine Bewußtsein zu rücken.

Fleißige Hände regen sich, um die Tiere wunderschön bekränzt (aber nicht mit buntem Flitter aufgemascherlt) zu Tal zu treiben. Mit kräftigem Kumpf und singenden Speisglocken, mit wuchtigen Schellen an buntbestickten Riemen und farbig bebänderten Buschen im Aufstecker, begleitet von Jauchzern und fröhlichen Kinderstimmen – so geht's heimwärts.

Manchmal, wenn nämlich der Tod Einzug gehalten hat in die Bauernfamilie und die Almabfahrt lautlos verläuft, fahren uns kalte Schauer durch Mark und Knochen; die Tiere sind mit schwarzen Bändern geziert, die Klacheln der Glocken mit Werg umwickelt.

An einem sonnigen Septembertag fiel mir als Senn die Aufgabe zu, neben all den bekränzten Kühen auch die Tiere des Eggerbauern mit ihren schwarzen Schleifen zu zieren, weil die alte Eggermutter, eine weithin hochgeschätzte Kräuterfrau mit großem Wissen, gestorben war.

Unbeschreiblich das Empfinden aller Beteiligten, einer Schicksalsgemeinschaft von Mensch und Tier. Während die anderen Kühe sich sofort auf den Weg machten, blieben die Trauer-Kühe vor dem Haag wie angewurzelt stehen, streckten die Köpfe vor und holten zu lauten, wehmütigen Rufen aus.

Bei der Almauffahrt wie beim Abtrieb pflegte meine Mutter voll Freude, aber auch Sorge, Menschen und Tiere mit Weihwasser zu besprengen und dann in ihrer Kammer für eine glückliche Heimkehr zu beten und zu danken. Unser Leben kennt Stationen der Ruhe, Hoffnung, des Verweilens und des tiefen Vertrauens, aus denen wir Kraft und Mut für die Zukunft schöpfen können.

Wenn das Vieh von der Alm abgetrieben wird, gibt man mit Jauchzern und Glockenklang seiner Dankbarkeit Ausdruck; doch zugleich macht dieser Tag nachdenklich und wird zu einem wunderschönen inwendigen Erlebnis.

## *Oktober – Kirchweihsonntag*

Der Rosenkranzsonntag, der Melchersonntag und der Kirchweihsonntag, diese drei Sonntage im Oktober sind geprägt von der Danksagung für den Erntesegen. Die meisten Vorräte sind schon eingebracht, die Wiesen abgeweidet; nur die ausgesparte Kirchtagsweide wartet auf den großen Tag. Eine Geiß ohne Kitz, die „Spach“, wird als Festbraten geschlachtet. Fraustern (Astern) und Georginen (Dahlien) sind zum Schmuck der Kirche bereitgestellt. Um fünf Uhr am Samstagnachmittag geht die „Himmelmutter“ ums Haus und schaut nach dem Rechten. Wer jetzt nicht fertig ist, wird auch zum Sterbtag vergessen. Der ehrwürdige Marchervater Kajetan Margreiter (mein Großvater mütterlicherseits), hoch auf Thierbach in der Wildschönau, pflegte immer zu sagen: „Der Bauer hat dreimal im Leben Ursach zum Weinen: einmal, wenn's Haus abbrennt, einmal wenn's Weibl stirbt und einmal, wenn er den Kirchweihsegen versäumt!“

Wenn zum Kirchweihfest den Tieren noch einmal alle Speisglocken umgehängt werden und sie auf die Neuweide kommen, ist es auf den Almen still geworden. Die Herbstnebel sind dichter, liegen auf Weiden, Äckern und Fluren. An Schönwettertagen müssen noch Kraut und Rüben eingebracht und Kartoffelkraut ver-

*Das Einschneiden von Rübenkraut mit den großen Krautmessern war früher Schwerstarbeit.*

**Wildschönauer Krautinger**

*Im Hochtal Wildschönau werden die saftigen Wasserrüben seit altersher angebaut. Man bereitet daraus feingehacktes Rübenkraut, das in den „Holzzigal" oder „Panzen" fest eingestampft wird. Der „Wildschönauer Krautinger" ist ein Schnaps aus der Wasserrübe, der in mühsamer Arbeit und mit äußerster Sorgfalt gebrannt wird. Der Krautinger, für den die Wildschönauer Bauern seit Maria Theresia das Brennrecht haben, kann jeden verdorbenen Magen wieder einrenken oder auch ausräumen.*

brannt werden. Ein arbeitsreicher Sommer und Herbst gehen zu Ende. Die Zeit der Rückschau beginnt.

Trotz des Kampfes mit Naturgewalten und großer Mühsal ums tägliche Brot gab es früher viel Zufriedenheit unter den Bergbauern. Traditionen und Brauchtum wurden gepflegt und sorgten für starken Zusammenhalt der Menschen. Das erklärt wohl auch, warum die Bewohner der Bergregionen an ihrem Fleck Erde so hängen, heimatverbunden sind und bis heute unverrückbar ihren Platz behaupten.

## November – Flachs brechen und spinnen

In der Natur herrscht beinahe Totenstille, und es geht auf den Winter zu. Jetzt gibt es vieles im Haus zu tun. Für die Frauen begann früher die Winterarbeit mit der Aufbereitung der Flachsernte.

*Tagsüber steht das Spinnrad in der Nähe des Fensters; am Abend wird es an den warmen Ofen gerückt und surrt und surrt …*

Am wohlsten fühlen wir uns nun am warmen Ofen. Dabei kommen wir ins Erzählen, und in Gedanken wandere ich, zusammen mit meiner Schwester Anna, die früher der Mutter zur Hand gegangen ist und bei anderen Bauern als Magd gedient hat, den langen Weg noch einmal mit, den der Flachs vom Samenkorn bis in die Wäschetruhe genommen hat.

„Braun fällt es in den Boden,
grün wächst es auf
und setzt ein blaues Käppchen auf."

Natürlich konnten wir dieses Rätsel im alten Lesebuch auf Anhieb lösen; wir kannten den Flachs ja aus eigener Anschauung:

Gleich nach den Eisheiligen wird Leinsamen gesät; die zarten Pflanzen müssen dreimal gejätet werden, damit der Flachs mit seinen blauen Blütensternen heranreifen kann. Vorsichtig wird er im August geerntet und in kleinen Bündeln zu Flachsschöbern aufgeschichtet (die Fruchtstände zur Sonne hin ausgerichtet).

Eine Woche später kommen die Flachsschöber in die Scheune. Dort ist der Haarriffel (Eisenspange mit kammartig angeordneten Eisenzinken) an der Wand befestigt, und bündelweis werden die Fruchtstände abgeriffelt. Danach bringt man den Flachs auf eine abgeerntete nasse Wiese (ins Moos) und breitet ihn in langen Bahnen aus. Je nach Wetter bleibt er dort zwei bis drei Wochen zum Bleichen liegen. Zwischendurch muß er mit dem Holzrechnen „aufghaggelt" (etwas angehoben) werden, damit er nicht einwächst. Mit dem speziellen Haarrechen recht man ihn zusammen, bindet ihn zu großen Faschtln (Ballen) und bringt ihn nach Haus. Er kommt nun zum Nachtrocknen in die Tenne.

Im Oktober, wenn das Vieh auf der Herbstweide bimmelt, verabreden sich die Frauen der Hofgemeinschaften, die zusammen eine Brechelstube benutzen, zum Flachsbrecheln.

Bei uns wurde die Badstube im Unterhäusernberganger von vier Höfen benutzt: Boar, Stolln, Hansn und Leirer. Um den Kirchweihsonntag beginnt das Brecheln. Die „Badstub" (Brechelstube) hat ein weitausladendes Vordach, der Ofen wird von außen geheizt. In der Hütte sind Stangen angebracht, um den Flachs zum Trocknen und Anwärmen auszulegen, damit er brüchig wird. Die Flachsbündel werden von der Badstubgeherin, einer kundigen älteren Frau, rasch aufgewärmt und fleißig gewendet. Bevor es losgeht, müssen die Brecheln (Arbeitsgerät, das fast nur noch in Museen zu bewundern ist) richtig gesetzt werden. Man beschwert sie in den unteren Verstrebungen mit Steinen, weil sonst die Brechel „stößt", wie man sagt. Eine Brechlerin muß viel Gefühl für die Arbeit und entsprechende Handfertigkeit mitbringen. Am besten hat es die Frau, die das erwärmte Bündel als erste bekommt, denn da gehen die Halme am leichtesten vom Flachs, und das Bündel ist bald sauber. Hat man ein Bündel fertig, wird es mit dem nächsten nochmals durchgebrechelt. Fünf bis sieben Bündel ergeben eine Nocke.

***Aus dem Flachs wurde nach all den mühsamen Arbeitsgängen schließlich Leinen für Hemden und Hosen, für Bett- und Tischwäsche, für Handtücher, Wandschoner und für den Strohsack gewebt.***

Während die Bäuerinnen und die älteren Töchter, früher auch die Mägde, eifrig brechelten, spielten wir Kinder auf dem warmen Dachboden der Brechelstube mit Fichtenzapfen und einfachem selbstgebasteltem Spielzeug.

Es gab vielerlei Bräuche rund ums Brecheln. Männer trauten sich meist nicht in die Nähe der Stube, weil sie dort nicht selten überrascht und in Flachshaar eingewickelt wurden, bis sie sich nach entsprechendem Brauchtum befreien konnten.

Das Tagwerk begann im Morgengrauen und dauerte bis in den späten Abend. Den ganzen Tag hörte man das Geklapper der Brechlerinnen. War die Arbeit getan und lag die Ernte im Hof, so mußte der Flachs noch „gehachelt" werden. Im Stall baute man die Hachelbank, ein Eisengestell mit vielen nach oben stehenden Zinken, auf. Der Flachs wurde so oft durchgezogen, bis das „Werg" ausgesondert und nur noch feines „Haar" übrig war. Das Werg drehte man zu Bündeln, den reifen Flachs zu Nocken zusammen, die bis Kathrein (25. November) aufbewahrt wurden.

Danach begann das Spinnen in der warmen Stube. Die Bäuerin selbst nahm sich das reine Haar vor, löste die Nocken auf und steckte sie auf den Rocken. Sie hatte ein besonders reich verziertes Spinnrad, das meist aus dem „Wazum" (der Brautgabe oder Aussteuer) stammte. Die Töchter und Mägde spannen auf einfachen Spinnrädern aus dem Werg, der Ausschußware, starkes, grobes Garn. Jeweils vier Spulen wurden zu einem Stren abgespult und zusammengedreht.

Wenn die Frauen den ganzen Winter lang fleißig gesponnen hatten (zwischendurch auch Schafwolle), war man um Gertraudi (17. März) mit der Arbeit fertig. Das Gesponnene, die Stren, mußte nun gekocht werden, auch dazu gehörten viel Gefühl und Erfahrung. In den großen Waschkessel kam zuunterst Stroh, dann eine Lage Stren, wieder Stroh und so weiter, bis der Kessel dreiviertelvoll war. Mit Wasser und Holzasche wurde das Ganze einen halben Tag lang gekocht. Nach dem Abkühlen mußten die Stren in einer großen Holzwanne kalt geschwemmt werden, immer wieder in frischem Wasser. Vereinzelt kann man an alten Bauernhäusern noch rundherum die Strenstangen sehen, wo die Stren zum Trocknen eingehängt und mehrmals geschüttelt wurden („Strenschittn"). Jeweils zehn trockene Stren band man zusammen, bevor der letzte Arbeitsgang mit dem großen Spulrad begann. Die Spulen waren etwa 30 cm lang, der Faden mußte unter großer Kraftanstrengung stark angespannt werden, damit er fest auf die Spule kam. Wenn alles gespult war, kam der Weber mit seinem Webstuhl ins Haus.

Aus dem Flachs wurde nach all diesen mühsamen Arbeitsgängen schließlich Leinen für Hemden und Hosen, für Bett- und Tischwäsche, für Handtücher, Wandschoner und für den Strohsack gewebt.

Wenn zu besonders festlichen Anlässen mit Monogramm besticktes Linnen meiner Mutter unseren Tisch ziert, dann denke ich mit Ehrfurcht und Hochachtung daran, wieviel Schwer- und Kleinarbeit, welch ausgeklügelte Arbeitsteilung zu seiner Herstellung nötig waren. Und ich freue mich, daß ich in meiner Jugendzeit noch miterleben durfte, wie in gemeinsamem Tun die einfache Feldfrucht Flachs zu feinem Leinenzeug veredelt wurde.

*Heute kommt der Nikolaus ins Haus; uns wurde er früher nur geschildert und brachte seine Gaben heimlich in der Nacht.*

## *Dezember – Zeltenbacken*

Bringt der Dezember reichlich Schnee in den Bergen, können Arbeiten wie das Heuziehen mit dem großen Schlitten, Holzfracht, Mistfuhr und Strebbringen (Streuführen) erledigt werden. Klaubauf, Krampus, Perchten und Klöckler sind unterwegs. Zum vorweihnachtlichen Brauchtum gehören das Anklöpfeln, Adventsingen, Herbergssuche. Eine wichtige Vorbereitung aufs große Fest der Geburt des Herrn aber ist auch das Zeltenbacken.

Schon im Herbst, wenn die Äpfel süß werden, haben die Frauen sie in Scheiben geschnitten und getrocknet. Birnen wurden kurz überkocht und dann nach dem Brotbacken auf Darrbrettern in den großen Backofen geschoben. Die getrockneten Früchte hingen in einem Leinensackl an luftigem Platz bis Mitte Dezember. Der Vater brachte, wenn er im Spätherbst Kühe oder Pferde zum Verkauf nach Kundl brachte, einen kleinen Sack Zibeben (Weinbeeren) mit. Die mußten gewaschen und ausgeklaubt werden.

Am Vorabend des Thomastages (21. Dezember) schnitt man das Trockenobst klein. Der große Backtrog kam mit dem Mehl zum Anwärmen in die Stube. Aus Mehl, Salz, Hefe und warmem Wasser wurde der Teig angesetzt und mußte über Nacht gehen. Am Morgen war der Grand (Trog) randvoll mit dem aufgegangenen Teig, der nun gut durchgeknetet werden mußte. Trockenobst, Zibeben, Zimt, Nelken und Anis standen bereit. Manchmal brachte ein „Gschamsterer“ (der heimliche Freund einer Tochter des Hauses) auch noch Zutaten zu den Zelten, um sich gewisse Vorrechte zu sichern (z.B. auf den Scherz, den Anschnitt, am Stefanitag). Boshafte Schwestern oder Brüder machten sich einen Spaß daraus, einen Nagel mitzubacken, um dem Verehrer beim Scherzabschneiden ein Hindernis in den Weg zu legen.

Am Backtrog gab es nun Schwerstarbeit, sämtliche Zutaten mußten gut eingearbeitet werden, bevor das Auswirken begann: Portionsweise kamen die Teigstücke auf den großen Brotladen. Dann legte man die ganz unterschiedlich großen Zelten in die mit Leinen ausgelegten Holzschüsseln, drückte sie an und stellte sie zum warmen Ofen.

Am Backofen mußte inzwischen ständig die Glut kontrolliert werden. Am Zeltenbacktag brauchte man zehn Scheiter mehr als sonst zum Brotbacken. Mehrfach wurde die Glut der abgebrannten Scheite gleichmäßig verteilt. Die erfahrene Zeltenbäckerin wußte genau, wann die richtige Hitze erreicht war; der Ofen durfte weder zu heiß, die Backhitze aber auch nicht zu wenig sein. Schließlich war es soweit, die Glut konnte mit dem Besen aus frischen Tannenzweigen

herausgekehrt werden. Auf die Unterseite von jedem Zelten kam noch das Namensschild des Familienmitglieds, dem er gehören sollte, der Zelten wurde mit warmem Wasser abgeschmiert, und man drückte mit einem Schnapsstamperl kleine Ringe hinein. Dann kam der große Augenblick; mit viel Geschick und Gefühl wurden die Zelten auf der Ofenschaufel in den heißen Ofen „eingeschossen". Waren alle Zeltenbrote im Ofen, machte die Mutter mit Bedacht ihre drei Kreuze, bat mit dem traditionellen Spruch um den Segen und schloß das Ofenloch mit feuchten Tüchern um das Luck (Deckel).

Eine Stunde lang mußten wir alle warten, dann erst wagte man einen ersten Blick in den Ofen, um zu sehen, wie lange die Zelten noch brauchten. Schließlich kamen sie, einer nach dem andern, heiß aus dem Ofen. Im ganzen Haus verbreitete sich würziger Zeltenduft, wenn die Laibe (der größte vom Ausmaß eines mittleren Wagenrades) hereingetragen wurden. Dankbar und erleichtert, aber auch ein wenig stolz betrachtete die Mutter das Werk; ein schönes Stück Arbeit war getan. Und weiter ging es mit den Vorbereitungen fürs große Fest.

*Wachskerze und Honiglebkuchen verbreiten Adventsstimmung und Weihnachtsduft.*

*Dort oben, in der Kampfzone des Hochgebirges, trotzt der Baum, ein Symbol des Lebens, über Jahrhunderte Wind und Wetter, Sturm, Hagel und Schneetreiben. Doch eines Tages muß er sich beugen und gliedert sich ein in den ewigen Kreislauf der Natur. Wir sind, wie die Bäume, in der Vergangenheit verwurzelt und schauen zurück zu unseren Vorfahren. Zwar richten wir unser Leben nach neuen Erkenntnissen aus, doch nehmen wir die Lebensweisheiten der Alten in unseren Alltag und Sonntag mit hinein.*

**Symbole und Zeichen im Kalender**

| | |
|---|---|
| Widder | Waage |
| Stier | Skorpion |
| Zwillinge | Schütze |
| Krebs | Steinbock |
| Löwe | Wassermann |
| Jungfrau | Fische |
| ● Neumond | ○ Vollmond |
| ☽ Zunehm. Mond | ☾ Abnehm. Mond |
| Günstige Pflanzzeit / Wurzel / Blatt | Blüte / Frucht |

# 1998

## JANUAR

| | | | | |
|---|---|---|---|---|
| 1 | Do | ♒ | Blüte | |
| 2 | Fr | ♒ | Blüte | |
| 3 | Sa | ♓ | Blatt | |
| 4 | So | ♓ | Blatt | |
| 5 | Mo | ♈ | Frucht | ☽ |
| 6 | Di | ♈ | Frucht | |
| 7 | Mi | ♉ | Wurzel | |
| 8 | Do | ♉ | Wurzel | |
| 9 | Fr | ♊ | Blüte | |
| 10 | Sa | ♊ | Blüte | |
| 11 | So | ♊ | Blüte | |
| 12 | Mo | ♋ | Blatt | ○ |
| 13 | Di | ♋ | Blatt | |
| 14 | Mi | ♌ | Frucht | |
| 15 | Do | ♌ | Frucht | |
| 16 | Fr | ♍ | Wurzel | |
| 17 | Sa | ♍ | Wurzel | |
| 18 | So | ♍ | Wurzel | |
| 19 | Mo | ♎ | Blüte | |
| 20 | Di | ♎ | Blüte | ☾ |
| 21 | Mi | ♏ | Blatt | |
| 22 | Do | ♏ | Blatt | |
| 23 | Fr | ♏ | Blatt | |
| 24 | Sa | ♐ | Frucht | |
| 25 | So | ♐ | Frucht | |
| 26 | Mo | ♑ | Wurzel | |
| 27 | Di | ♑ | Wurzel | |
| 28 | Mi | ♒ | Blüte | ● |
| 29 | Do | ♒ | Blüte | |
| 30 | Fr | ♓ | Blatt | |
| 31 | Sa | ♓ | Blatt | |

## FEBRUAR

| | | | | |
|---|---|---|---|---|
| 1 | So | ♈ | Frucht | |
| 2 | Mo | ♈ | Frucht | |
| 3 | Di | ♉ | Wurzel | ☽ |
| 4 | Mi | ♉ | Wurzel | |
| 5 | Do | ♉ | Wurzel | |
| 6 | Fr | ♊ | Blüte | |
| 7 | Sa | ♊ | Blüte | |
| 8 | So | ♋ | Blatt | |
| 9 | Mo | ♋ | Blatt | |
| 10 | Di | ♌ | Frucht | |
| 11 | Mi | ♌ | Frucht | ○ |
| 12 | Do | ♌ | Frucht | |
| 13 | Fr | ♍ | Wurzel | |
| 14 | Sa | ♍ | Wurzel | |
| 15 | So | ♎ | Blüte | |
| 16 | Mo | ♎ | Blüte | |
| 17 | Di | ♎ | Blüte | |
| 18 | Mi | ♏ | Blatt | |
| 19 | Do | ♏ | Blatt | ☾ |
| 20 | Fr | ♐ | Frucht | |
| 21 | Sa | ♐ | Frucht | |
| 22 | So | ♑ | Wurzel | |
| 23 | Mo | ♑ | Wurzel | |
| 24 | Di | ♑ | Wurzel | |
| 25 | Mi | ♒ | Blüte | |
| 26 | Do | ♒ | Blüte | ● |
| 27 | Fr | ♓ | Blatt | |
| 28 | Sa | ♓ | Blatt | |

## MÄRZ

| | | | | |
|---|---|---|---|---|
| 1 | So | ♈ | Frucht | |
| 2 | Mo | ♈ | Frucht | |
| 3 | Di | ♉ | Wurzel | |
| 4 | Mi | ♉ | Wurzel | |
| 5 | Do | ♊ | Blüte | ☽ |
| 6 | Fr | ♊ | Blüte | |
| 7 | Sa | ♋ | Blatt | |
| 8 | So | ♋ | Blatt | |
| 9 | Mo | ♌ | Frucht | |
| 10 | Di | ♌ | Frucht | |
| 11 | Mi | ♌ | Frucht | |
| 12 | Do | ♍ | Wurzel | |
| 13 | Fr | ♍ | Wurzel | ○ |
| 14 | Sa | ♎ | Blüte | |
| 15 | So | ♎ | Blüte | |
| 16 | Mo | ♎ | Blüte | |
| 17 | Di | ♏ | Blatt | |
| 18 | Mi | ♏ | Blatt | |
| 19 | Do | ♐ | Frucht | |
| 20 | Fr | ♐ | Frucht | |
| 21 | Sa | ♐ | Frucht | ☾ |
| 22 | So | ♑ | Wurzel | |
| 23 | Mo | ♑ | Wurzel | |
| 24 | Di | ♒ | Blüte | |
| 25 | Mi | ♒ | Blüte | |
| 26 | Do | ♓ | Blatt | |
| 27 | Fr | ♓ | Blatt | |
| 28 | Sa | ♈ | Frucht | ● |
| 29 | So | ♈ | Frucht | |
| 30 | Mo | ♉ | Wurzel | |
| 31 | Di | ♉ | Wurzel | |

## APRIL

| | | | | |
|---|---|---|---|---|
| 1 | Mi | ♊ | Blüte | |
| 2 | Do | ♊ | Blüte | |
| 3 | Fr | ♋ | Blatt | ☽ |
| 4 | Sa | ♋ | Blatt | |
| 5 | So | ♋ | Blatt | |
| 6 | Mo | ♌ | Frucht | |
| 7 | Di | ♌ | Frucht | |
| 8 | Mi | ♍ | Wurzel | |
| 9 | Do | ♍ | Wurzel | |
| 10 | Fr | ♍ | Wurzel | |
| 11 | Sa | ♎ | Blüte | ○ |
| 12 | So | ♎ | Blüte | |
| 13 | Mo | ♏ | Blatt | |
| 14 | Di | ♏ | Blatt | |
| 15 | Mi | ♏ | Blatt | |
| 16 | Do | ♐ | Frucht | |
| 17 | Fr | ♐ | Frucht | |
| 18 | Sa | ♑ | Wurzel | |
| 19 | So | ♑ | Wurzel | ☾ |
| 20 | Mo | ♒ | Blüte | |
| 21 | Di | ♒ | Blüte | |
| 22 | Mi | ♒ | Blüte | |
| 23 | Do | ♓ | Blatt | |
| 24 | Fr | ♓ | Blatt | |
| 25 | Sa | ♈ | Frucht | |
| 26 | So | ♈ | Frucht | ● |
| 27 | Mo | ♉ | Wurzel | |
| 28 | Di | ♉ | Wurzel | |
| 29 | Mi | ♊ | Blüte | |
| 30 | Do | ♊ | Blüte | |

## MAI

| | | | | |
|---|---|---|---|---|
| 1 | Fr | ♋ | Blatt | |
| 2 | Sa | ♋ | Blatt | |
| 3 | So | ♌ | Frucht | |
| 4 | Mo | ♌ | Frucht | ☽ |
| 5 | Di | ♍ | Wurzel | |
| 6 | Mi | ♍ | Wurzel | |
| 7 | Do | ♍ | Wurzel | |
| 8 | Fr | ♎ | Blüte | |
| 9 | Sa | ♎ | Blüte | |
| 10 | So | ♏ | Blatt | |
| 11 | Mo | ♏ | Blatt | ○ |
| 12 | Di | ♏ | Blatt | |
| 13 | Mi | ♐ | Frucht | |
| 14 | Do | ♐ | Frucht | |
| 15 | Fr | ♑ | Wurzel | |
| 16 | Sa | ♑ | Wurzel | |
| 17 | So | ♑ | Wurzel | |
| 18 | Mo | ♒ | Blüte | |
| 19 | Di | ♒ | Blüte | ☾ |
| 20 | Mi | ♓ | Blatt | |
| 21 | Do | ♓ | Blatt | |
| 22 | Fr | ♈ | Frucht | |
| 23 | Sa | ♈ | Frucht | |
| 24 | So | ♉ | Wurzel | |
| 25 | Mo | ♉ | Wurzel | ● |
| 26 | Di | ♊ | Blüte | |
| 27 | Mi | ♊ | Blüte | |
| 28 | Do | ♋ | Blatt | |
| 29 | Fr | ♋ | Blatt | |
| 30 | Sa | ♌ | Frucht | |
| 31 | So | ♌ | Frucht | |

## JUNI

| | | | | |
|---|---|---|---|---|
| 1 | Mo | ♍ | Frucht | |
| 2 | Di | ♍ | Wurzel | ☽ |
| 3 | Mi | ♍ | Wurzel | |
| 4 | Do | ♎ | Blüte | |
| 5 | Fr | ♎ | Blüte | |
| 6 | Sa | ♎ | Blüte | |
| 7 | So | ♏ | Blatt | |
| 8 | Mo | ♏ | Blatt | |
| 9 | Di | ♐ | Frucht | |
| 10 | Mi | ♐ | Frucht | ○ |
| 11 | Do | ♐ | Frucht | |
| 12 | Fr | ♑ | Wurzel | |
| 13 | Sa | ♑ | Wurzel | |
| 14 | So | ♒ | Blüte | |
| 15 | Mo | ♒ | Blüte | |
| 16 | Di | ♓ | Blatt | |
| 17 | Mi | ♓ | Blatt | ☾ |
| 18 | Do | ♈ | Frucht | |
| 19 | Fr | ♈ | Frucht | |
| 20 | Sa | ♉ | Wurzel | |
| 21 | So | ♉ | Wurzel | |
| 22 | Mo | ♊ | Blüte | |
| 23 | Di | ♊ | Blüte | |
| 24 | Mi | ♋ | Blatt | ● |
| 25 | Do | ♋ | Blatt | |
| 26 | Fr | ♋ | Blatt | |
| 27 | Sa | ♌ | Frucht | |
| 28 | So | ♌ | Frucht | |
| 29 | Mo | ♍ | Wurzel | |
| 30 | Di | ♍ | Wurzel | |

**1998**

## JULI

| | | | | |
|---|---|---|---|---|
| 1 | Mi | ♎ | Blüte | ☽ |
| 2 | Do | ♎ | Blüte | |
| 3 | Fr | ♎ | Blüte | |
| 4 | Sa | ♏ | Blatt | |
| 5 | So | ♏ | Blatt | |
| 6 | Mo | ♐ | Frucht | |
| 7 | Di | ♐ | Frucht | |
| 8 | Mi | ♐ | Frucht | |
| 9 | Do | ♑ | Wurzel | ○ |
| 10 | Fr | ♑ | Wurzel | |
| 11 | Sa | ♒ | Blüte | |
| 12 | So | ♒ | Blüte | |
| 13 | Mo | ♓ | Blatt | |
| 14 | Di | ♓ | Blatt | |
| 15 | Mi | ♈ | Frucht | |
| 16 | Do | ♈ | Frucht | ☾ |
| 17 | Fr | ♈ | Frucht | |
| 18 | Sa | ♉ | Wurzel | |
| 19 | So | ♉ | Wurzel | |
| 20 | Mo | ♊ | Blüte | |
| 21 | Di | ♊ | Blüte | |
| 22 | Mi | ♋ | Blatt | |
| 23 | Do | ♋ | Blatt | ● |
| 24 | Fr | ♌ | Frucht | |
| 25 | Sa | ♌ | Frucht | |
| 26 | So | ♍ | Wurzel | |
| 27 | Mo | ♍ | Wurzel | |
| 28 | Di | ♍ | Wurzel | |
| 29 | Mi | ♎ | Blüte | |
| 30 | Do | ♎ | Blüte | |
| 31 | Fr | ♏ | Blatt | ☽ |

## AUGUST

| | | | | |
|---|---|---|---|---|
| 1 | Sa | ♏ | Blatt | |
| 2 | So | ♏ | Blatt | |
| 3 | Mo | ♐ | Frucht | |
| 4 | Di | ♐ | Frucht | |
| 5 | Mi | ♑ | Wurzel | |
| 6 | Do | ♑ | Wurzel | |
| 7 | Fr | ♒ | Blüte | |
| 8 | Sa | ♒ | Blüte | ○ |
| 9 | So | ♒ | Blüte | |
| 10 | Mo | ♓ | Blatt | |
| 11 | Di | ♓ | Blatt | |
| 12 | Mi | ♈ | Frucht | |
| 13 | Do | ♈ | Frucht | |
| 14 | Fr | ♉ | Wurzel | ☾ |
| 15 | Sa | ♉ | Wurzel | |
| 16 | So | ♊ | Blüte | |
| 17 | Mo | ♊ | Blüte | |
| 18 | Di | ♋ | Blatt | |
| 19 | Mi | ♋ | Blatt | |
| 20 | Do | ♌ | Frucht | |
| 21 | Fr | ♌ | Frucht | |
| 22 | Sa | ♌ | Frucht | ● |
| 23 | So | ♍ | Wurzel | |
| 24 | Mo | ♍ | Wurzel | |
| 25 | Di | ♎ | Blüte | |
| 26 | Mi | ♎ | Blüte | |
| 27 | Do | ♎ | Blüte | |
| 28 | Fr | ♏ | Blatt | |
| 29 | Sa | ♏ | Blatt | |
| 30 | So | ♐ | Frucht | ☽ |
| 31 | Mo | ♐ | Frucht | |

## SEPTEMBER

| | | | | |
|---|---|---|---|---|
| 1 | Di | ♐ | Frucht | |
| 2 | Mi | ♑ | Wurzel | |
| 3 | Do | ♑ | Wurzel | |
| 4 | Fr | ♒ | Blüte | |
| 5 | Sa | ♒ | Blüte | |
| 6 | So | ♓ | Blatt | ○ |
| 7 | Mo | ♓ | Blatt | |
| 8 | Di | ♈ | Frucht | |
| 9 | Mi | ♈ | Frucht | |
| 10 | Do | ♉ | Wurzel | |
| 11 | Fr | ♉ | Wurzel | |
| 12 | Sa | ♊ | Blüte | |
| 13 | So | ♊ | Blüte | ☾ |
| 14 | Mo | ♋ | Blatt | |
| 15 | Di | ♋ | Blatt | |
| 16 | Mi | ♋ | Blatt | |
| 17 | Do | ♌ | Frucht | |
| 18 | Fr | ♌ | Frucht | |
| 19 | Sa | ♍ | Wurzel | |
| 20 | So | ♍ | Wurzel | ● |
| 21 | Mo | ♎ | Blüte | |
| 22 | Di | ♎ | Blüte | |
| 23 | Mi | ♎ | Blüte | |
| 24 | Do | ♏ | Blatt | |
| 25 | Fr | ♏ | Blatt | |
| 26 | Sa | ♐ | Frucht | |
| 27 | So | ♐ | Frucht | |
| 28 | Mo | ♐ | Frucht | ☽ |
| 29 | Di | ♑ | Wurzel | |
| 30 | Mi | ♑ | Wurzel | |

## OKTOBER

| | | | | |
|---|---|---|---|---|
| 1 | Do | ♒ | Blüte | |
| 2 | Fr | ♒ | Blüte | |
| 3 | Sa | ♓ | Blatt | |
| 4 | So | ♓ | Blatt | |
| 5 | Mo | ♈ | Frucht | ○ |
| 6 | Di | ♈ | Frucht | |
| 7 | Mi | ♉ | Wurzel | |
| 8 | Do | ♉ | Wurzel | |
| 9 | Fr | ♊ | Blüte | |
| 10 | Sa | ♊ | Blüte | |
| 11 | So | ♊ | Blüte | |
| 12 | Mo | ♋ | Blatt | ☾ |
| 13 | Di | ♋ | Blatt | |
| 14 | Mi | ♌ | Frucht | |
| 15 | Do | ♌ | Frucht | |
| 16 | Fr | ♍ | Wurzel | |
| 17 | Sa | ♍ | Wurzel | |
| 18 | So | ♍ | Wurzel | |
| 19 | Mo | ♎ | Blüte | |
| 20 | Di | ♎ | Blüte | ● |
| 21 | Mi | ♏ | Blatt | |
| 22 | Do | ♏ | Blatt | |
| 23 | Fr | ♏ | Blatt | |
| 24 | Sa | ♐ | Frucht | |
| 25 | So | ♐ | Frucht | |
| 26 | Mo | ♑ | Wurzel | |
| 27 | Di | ♑ | Wurzel | |
| 28 | Mi | ♑ | Wurzel | ☽ |
| 29 | Do | ♒ | Blüte | |
| 30 | Fr | ♒ | Blüte | |
| 31 | Sa | ♓ | Blatt | |

## NOVEMBER

| | | | | |
|---|---|---|---|---|
| 1 | So | ♓ | Blatt | ○ |
| 2 | Mo | ♈ | Frucht | |
| 3 | Di | ♈ | Frucht | |
| 4 | Mi | ♉ | Wurzel | |
| 5 | Do | ♉ | Wurzel | |
| 6 | Fr | ♊ | Blüte | |
| 7 | Sa | ♊ | Blüte | |
| 8 | So | ♋ | Blatt | |
| 9 | Mo | ♋ | Blatt | |
| 10 | Di | ♌ | Frucht | |
| 11 | Mi | ♌ | Frucht | ☾ |
| 12 | Do | ♍ | Wurzel | |
| 13 | Fr | ♍ | Wurzel | |
| 14 | Sa | ♍ | Wurzel | |
| 15 | So | ♎ | Blüte | |
| 16 | Mo | ♎ | Blüte | |
| 17 | Di | ♏ | Blatt | |
| 18 | Mi | ♏ | Blatt | |
| 19 | Do | ♏ | Blatt | ● |
| 20 | Fr | ♐ | Frucht | |
| 21 | Sa | ♐ | Frucht | |
| 22 | So | ♑ | Wurzel | |
| 23 | Mo | ♑ | Wurzel | |
| 24 | Di | ♑ | Wurzel | |
| 25 | Mi | ♒ | Blüte | |
| 26 | Do | ♒ | Blüte | |
| 27 | Fr | ♓ | Blatt | ☽ |
| 28 | Sa | ♓ | Blatt | |
| 29 | So | ♈ | Frucht | |
| 30 | Mo | ♈ | Frucht | |

## DEZEMBER

| | | | | |
|---|---|---|---|---|
| 1 | Di | ♉ | Wurzel | |
| 2 | Mi | ♉ | Wurzel | |
| 3 | Do | ♊ | Blüte | ○ |
| 4 | Fr | ♊ | Blüte | |
| 5 | Sa | ♋ | Blatt | |
| 6 | So | ♋ | Blatt | |
| 7 | Mo | ♌ | Frucht | |
| 8 | Di | ♌ | Frucht | |
| 9 | Mi | ♌ | Frucht | |
| 10 | Do | ♍ | Wurzel | ☾ |
| 11 | Fr | ♍ | Wurzel | |
| 12 | Sa | ♎ | Blüte | |
| 13 | So | ♎ | Blüte | |
| 14 | Mo | ♎ | Blüte | |
| 15 | Di | ♏ | Blatt | |
| 16 | Mi | ♏ | Blatt | |
| 17 | Do | ♐ | Frucht | |
| 18 | Fr | ♐ | Frucht | ● |
| 19 | Sa | ♐ | Frucht | |
| 20 | So | ♑ | Wurzel | |
| 21 | Mo | ♑ | Wurzel | |
| 22 | Di | ♒ | Blüte | |
| 23 | Mi | ♒ | Blüte | |
| 24 | Do | ♓ | Blatt | |
| 25 | Fr | ♓ | Blatt | |
| 26 | Sa | ♓ | Blatt | ☽ |
| 27 | So | ♈ | Frucht | |
| 28 | Mo | ♈ | Frucht | |
| 29 | Di | ♉ | Wurzel | |
| 30 | Mi | ♉ | Wurzel | |
| 31 | Do | ♊ | Blüte | |

# 1999

## JANUAR

| | | | | |
|---|---|---|---|---|
| 1 | Fr | ♊ | Blüte | |
| 2 | Sa | ♋ | Blatt | ○ |
| 3 | So | ♋ | Blatt | |
| 4 | Mo | ♌ | Frucht | |
| 5 | Di | ♌ | Frucht | |
| 6 | Mi | ♍ | Wurzel | |
| 7 | Do | ♍ | Wurzel | |
| 8 | Fr | ♍ | Wurzel | |
| 9 | Sa | ♎ | Blüte | ☾ |
| 10 | So | ♎ | Blüte | |
| 11 | Mo | ♏ | Blatt | |
| 12 | Di | ♏ | Blatt | |
| 13 | Mi | ♏ | Blatt | |
| 14 | Do | ♐ | Frucht | |
| 15 | Fr | ♐ | Frucht | |
| 16 | Sa | ♑ | Wurzel | |
| 17 | So | ♑ | Wurzel | ● |
| 18 | Mo | ♒ | Blüte | |
| 19 | Di | ♒ | Blüte | |
| 20 | Mi | ♒ | Blüte | |
| 21 | Do | ♓ | Blatt | |
| 22 | Fr | ♓ | Blatt | |
| 23 | Sa | ♈ | Frucht | |
| 24 | So | ♈ | Frucht | ☽ |
| 25 | Mo | ♉ | Wurzel | |
| 26 | Di | ♉ | Wurzel | |
| 27 | Mi | ♊ | Blüte | |
| 28 | Do | ♊ | Blüte | |
| 29 | Fr | ♋ | Blatt | |
| 30 | Sa | ♋ | Blatt | |
| 31 | So | ♌ | Frucht | ○ |

## FEBRUAR

| | | | | |
|---|---|---|---|---|
| 1 | Mo | ♌ | Frucht | |
| 2 | Di | ♌ | Frucht | |
| 3 | Mi | ♍ | Wurzel | |
| 4 | Do | ♍ | Wurzel | |
| 5 | Fr | ♎ | Blüte | |
| 6 | Sa | ♎ | Blüte | |
| 7 | So | ♏ | Blatt | |
| 8 | Mo | ♏ | Blatt | ☾ |
| 9 | Di | ♏ | Blatt | |
| 10 | Mi | ♐ | Frucht | |
| 11 | Do | ♐ | Frucht | |
| 12 | Fr | ♑ | Wurzel | |
| 13 | Sa | ♑ | Wurzel | |
| 14 | So | ♑ | Wurzel | |
| 15 | Mo | ♒ | Blüte | |
| 16 | Di | ♒ | Blüte | ● |
| 17 | Mi | ♓ | Blatt | |
| 18 | Do | ♓ | Blatt | |
| 19 | Fr | ♈ | Frucht | |
| 20 | Sa | ♈ | Frucht | |
| 21 | So | ♉ | Wurzel | |
| 22 | Mo | ♉ | Wurzel | |
| 23 | Di | ♊ | Blüte | ☽ |
| 24 | Mi | ♊ | Blüte | |
| 25 | Do | ♋ | Blatt | |
| 26 | Fr | ♋ | Blatt | |
| 27 | Sa | ♋ | Blatt | |
| 28 | So | ♌ | Frucht | |

## MÄRZ

| | | | | |
|---|---|---|---|---|
| 1 | Mo | ♌ | Frucht | |
| 2 | Di | ♍ | Wurzel | ○ |
| 3 | Mi | ♍ | Wurzel | |
| 4 | Do | ♎ | Blüte | |
| 5 | Fr | ♎ | Blüte | |
| 6 | Sa | ♎ | Blüte | |
| 7 | So | ♏ | Blatt | |
| 8 | Mo | ♏ | Blatt | |
| 9 | Di | ♐ | Frucht | |
| 10 | Mi | ♐ | Frucht | ☾ |
| 11 | Do | ♐ | Frucht | |
| 12 | Fr | ♑ | Wurzel | |
| 13 | Sa | ♑ | Wurzel | |
| 14 | So | ♒ | Blüte | |
| 15 | Mo | ♒ | Blüte | |
| 16 | Di | ♓ | Blatt | |
| 17 | Mi | ♓ | Blatt | ● |
| 18 | Do | ♓ | Blatt | |
| 19 | Fr | ♈ | Frucht | |
| 20 | Sa | ♈ | Frucht | |
| 21 | So | ♉ | Wurzel | |
| 22 | Mo | ♉ | Wurzel | |
| 23 | Di | ♊ | Blüte | |
| 24 | Mi | ♊ | Blüte | ☽ |
| 25 | Do | ♋ | Blatt | |
| 26 | Fr | ♋ | Blatt | |
| 27 | Sa | ♌ | Frucht | |
| 28 | So | ♌ | Frucht | |
| 29 | Mo | ♍ | Wurzel | |
| 30 | Di | ♍ | Wurzel | |
| 31 | Mi | ♍ | Wurzel | ○ |

## APRIL

| | | | | |
|---|---|---|---|---|
| 1 | Do | ♎ | Blüte | |
| 2 | Fr | ♎ | Blüte | |
| 3 | Sa | ♏ | Blatt | |
| 4 | So | ♏ | Blatt | |
| 5 | Mo | ♏ | Blatt | |
| 6 | Di | ♐ | Frucht | |
| 7 | Mi | ♐ | Frucht | |
| 8 | Do | ♑ | Wurzel | |
| 9 | Fr | ♑ | Wurzel | ☾ |
| 10 | Sa | ♑ | Wurzel | |
| 11 | So | ♒ | Blüte | |
| 12 | Mo | ♒ | Blüte | |
| 13 | Di | ♓ | Blatt | |
| 14 | Mi | ♓ | Blatt | |
| 15 | Do | ♈ | Frucht | |
| 16 | Fr | ♈ | Frucht | ● |
| 17 | Sa | ♉ | Wurzel | |
| 18 | So | ♉ | Wurzel | |
| 19 | Mo | ♊ | Blüte | |
| 20 | Di | ♊ | Blüte | |
| 21 | Mi | ♋ | Blatt | |
| 22 | Do | ♋ | Blatt | ☽ |
| 23 | Fr | ♌ | Frucht | |
| 24 | Sa | ♌ | Frucht | |
| 25 | So | ♍ | Wurzel | |
| 26 | Mo | ♍ | Wurzel | |
| 27 | Di | ♍ | Wurzel | |
| 28 | Mi | ♎ | Blüte | |
| 29 | Do | ♎ | Blüte | |
| 30 | Fr | ♏ | Blatt | ○ |

## MAI

| | | | | |
|---|---|---|---|---|
| 1 | Sa | ♏ | Blatt | |
| 2 | So | ♏ | Blatt | |
| 3 | Mo | ♐ | Frucht | |
| 4 | Di | ♐ | Frucht | |
| 5 | Mi | ♑ | Wurzel | |
| 6 | Do | ♑ | Wurzel | |
| 7 | Fr | ♑ | Wurzel | |
| 8 | Sa | ♒ | Blüte | ☾ |
| 9 | So | ♒ | Blüte | |
| 10 | Mo | ♓ | Blatt | |
| 11 | Di | ♓ | Blatt | |
| 12 | Mi | ♈ | Frucht | |
| 13 | Do | ♈ | Frucht | |
| 14 | Fr | ♉ | Wurzel | |
| 15 | Sa | ♉ | Wurzel | ● |
| 16 | So | ♊ | Blüte | |
| 17 | Mo | ♊ | Blüte | |
| 18 | Di | ♋ | Blatt | |
| 19 | Mi | ♋ | Blatt | |
| 20 | Do | ♌ | Frucht | |
| 21 | Fr | ♌ | Frucht | |
| 22 | Sa | ♌ | Frucht | ☽ |
| 23 | So | ♍ | Wurzel | |
| 24 | Mo | ♍ | Wurzel | |
| 25 | Di | ♎ | Blüte | |
| 26 | Mi | ♎ | Blüte | |
| 27 | Do | ♎ | Blüte | |
| 28 | Fr | ♏ | Blatt | |
| 29 | Sa | ♏ | Blatt | |
| 30 | So | ♐ | Frucht | ○ |
| 31 | Mo | ♐ | Frucht | |

## JUNI

| | | | | |
|---|---|---|---|---|
| 1 | Di | ♐ | Frucht | |
| 2 | Mi | ♑ | Wurzel | |
| 3 | Do | ♑ | Wurzel | |
| 4 | Fr | ♒ | Blüte | |
| 5 | Sa | ♒ | Blüte | |
| 6 | So | ♓ | Blatt | |
| 7 | Mo | ♓ | Blatt | ☾ |
| 8 | Di | ♓ | Blatt | |
| 9 | Mi | ♈ | Frucht | |
| 10 | Do | ♈ | Frucht | |
| 11 | Fr | ♉ | Wurzel | |
| 12 | Sa | ♉ | Wurzel | |
| 13 | So | ♊ | Blüte | ● |
| 14 | Mo | ♊ | Blüte | |
| 15 | Di | ♋ | Blatt | |
| 16 | Mi | ♋ | Blatt | |
| 17 | Do | ♌ | Frucht | |
| 18 | Fr | ♌ | Frucht | |
| 19 | Sa | ♍ | Wurzel | |
| 20 | So | ♍ | Wurzel | ☽ |
| 21 | Mo | ♎ | Blüte | |
| 22 | Di | ♎ | Blüte | |
| 23 | Mi | ♎ | Blüte | |
| 24 | Do | ♏ | Blatt | |
| 25 | Fr | ♏ | Blatt | |
| 26 | Sa | ♐ | Frucht | |
| 27 | So | ♐ | Frucht | |
| 28 | Mo | ♐ | Frucht | ○ |
| 29 | Di | ♑ | Wurzel | |
| 30 | Mi | ♑ | Wurzel | |

**1999**

## JULI

| | | | | |
|---|---|---|---|---|
| 1 | Do | ♒ | Blüte | |
| 2 | Fr | ♒ | Blüte | |
| 3 | Sa | ♒ | Blüte | |
| 4 | So | ♓ | Blatt | |
| 5 | Mo | ♓ | Blatt | |
| 6 | Di | ♈ | Frucht | ☾ |
| 7 | Mi | ♈ | Frucht | |
| 8 | Do | ♉ | Wurzel | |
| 9 | Fr | ♉ | Wurzel | |
| 10 | Sa | ♊ | Blüte | |
| 11 | So | ♊ | Blüte | |
| 12 | Mo | ♋ | Blatt | |
| 13 | Di | ♋ | Blatt | ● |
| 14 | Mi | ♌ | Frucht | |
| 15 | Do | ♌ | Frucht | |
| 16 | Fr | ♍ | Wurzel | |
| 17 | Sa | ♍ | Wurzel | |
| 18 | So | ♍ | Wurzel | |
| 19 | Mo | ♎ | Blüte | |
| 20 | Di | ♎ | Blüte | ☽ |
| 21 | Mi | ♏ | Blatt | |
| 22 | Do | ♏ | Blatt | |
| 23 | Fr | ♏ | Blatt | |
| 24 | Sa | ♐ | Frucht | |
| 25 | So | ♐ | Frucht | |
| 26 | Mo | ♑ | Wurzel | |
| 27 | Di | ♑ | Wurzel | |
| 28 | Mi | ♑ | Wurzel | ○ |
| 29 | Do | ♒ | Blüte | |
| 30 | Fr | ♒ | Blüte | |
| 31 | Sa | ♓ | Blatt | |

## AUGUST

| | | | | |
|---|---|---|---|---|
| 1 | So | ♓ | Blatt | |
| 2 | Mo | ♈ | Frucht | |
| 3 | Di | ♈ | Frucht | |
| 4 | Mi | ♉ | Wurzel | ☾ |
| 5 | Do | ♉ | Wurzel | |
| 6 | Fr | ♊ | Blüte | |
| 7 | Sa | ♊ | Blüte | |
| 8 | So | ♊ | Blüte | |
| 9 | Mo | ♋ | Blatt | |
| 10 | Di | ♋ | Blatt | |
| 11 | Mi | ♌ | Frucht | ● |
| 12 | Do | ♌ | Frucht | |
| 13 | Fr | ♍ | Wurzel | |
| 14 | Sa | ♍ | Wurzel | |
| 15 | So | ♎ | Blüte | |
| 16 | Mo | ♎ | Blüte | |
| 17 | Di | ♏ | Blatt | |
| 18 | Mi | ♏ | Blatt | |
| 19 | Do | ♏ | Blatt | ☽ |
| 20 | Fr | ♐ | Frucht | |
| 21 | Sa | ♐ | Frucht | |
| 22 | So | ♑ | Wurzel | |
| 23 | Mo | ♑ | Wurzel | |
| 24 | Di | ♑ | Wurzel | |
| 25 | Mi | ♒ | Blüte | |
| 26 | Do | ♒ | Blüte | ○ |
| 27 | Fr | ♓ | Blatt | |
| 28 | Sa | ♓ | Blatt | |
| 29 | So | ♈ | Frucht | |
| 30 | Mo | ♈ | Frucht | |
| 31 | Di | ♈ | Frucht | |

## SEPTEMBER

| | | | | |
|---|---|---|---|---|
| 1 | Mi | ♉ | Wurzel | |
| 2 | Do | ♉ | Wurzel | ☾ |
| 3 | Fr | ♊ | Blüte | |
| 4 | Sa | ♊ | Blüte | |
| 5 | So | ♋ | Blatt | |
| 6 | Mo | ♋ | Blatt | |
| 7 | Di | ♌ | Frucht | |
| 8 | Mi | ♌ | Frucht | |
| 9 | Do | ♍ | Wurzel | ● |
| 10 | Fr | ♍ | Wurzel | |
| 11 | Sa | ♎ | Blüte | |
| 12 | So | ♎ | Blüte | |
| 13 | Mo | ♎ | Blüte | |
| 14 | Di | ♏ | Blatt | |
| 15 | Mi | ♏ | Blatt | |
| 16 | Do | ♐ | Frucht | |
| 17 | Fr | ♐ | Frucht | ☽ |
| 18 | Sa | ♐ | Frucht | |
| 19 | So | ♑ | Wurzel | |
| 20 | Mo | ♑ | Wurzel | |
| 21 | Di | ♒ | Blüte | |
| 22 | Mi | ♒ | Blüte | |
| 23 | Do | ♒ | Blüte | |
| 24 | Fr | ♓ | Blatt | |
| 25 | Sa | ♓ | Blatt | ○ |
| 26 | So | ♈ | Frucht | |
| 27 | Mo | ♈ | Frucht | |
| 28 | Di | ♉ | Wurzel | |
| 29 | Mi | ♉ | Wurzel | |
| 30 | Do | ♊ | Blüte | |

## OKTOBER

| | | | | |
|---|---|---|---|---|
| 1 | Fr | ♊ | Blüte | |
| 2 | Sa | ♋ | Blatt | ☾ |
| 3 | So | ♋ | Blatt | |
| 4 | Mo | ♌ | Frucht | |
| 5 | Di | ♌ | Frucht | |
| 6 | Mi | ♍ | Wurzel | |
| 7 | Do | ♍ | Wurzel | |
| 8 | Fr | ♍ | Wurzel | |
| 9 | Sa | ♎ | Blüte | ● |
| 10 | So | ♎ | Blüte | |
| 11 | Mo | ♏ | Blatt | |
| 12 | Di | ♏ | Blatt | |
| 13 | Mi | ♏ | Blatt | |
| 14 | Do | ♐ | Frucht | |
| 15 | Fr | ♐ | Frucht | |
| 16 | Sa | ♑ | Wurzel | |
| 17 | So | ♑ | Wurzel | ☽ |
| 18 | Mo | ♑ | Wurzel | |
| 19 | Di | ♒ | Blüte | |
| 20 | Mi | ♒ | Blüte | |
| 21 | Do | ♓ | Blatt | |
| 22 | Fr | ♓ | Blatt | |
| 23 | Sa | ♈ | Frucht | |
| 24 | So | ♈ | Frucht | ○ |
| 25 | Mo | ♉ | Wurzel | |
| 26 | Di | ♉ | Wurzel | |
| 27 | Mi | ♊ | Blüte | |
| 28 | Do | ♊ | Blüte | |
| 29 | Fr | ♋ | Blatt | |
| 30 | Sa | ♋ | Blatt | |
| 31 | So | ♌ | Frucht | ☾ |

## NOVEMBER

| | | | | |
|---|---|---|---|---|
| 1 | Mo | ♌ | Frucht | |
| 2 | Di | ♌ | Frucht | |
| 3 | Mi | ♍ | Wurzel | |
| 4 | Do | ♍ | Wurzel | |
| 5 | Fr | ♎ | Blüte | |
| 6 | Sa | ♎ | Blüte | |
| 7 | So | ♏ | Blatt | |
| 8 | Mo | ♏ | Blatt | ● |
| 9 | Di | ♏ | Blatt | |
| 10 | Mi | ♐ | Frucht | |
| 11 | Do | ♐ | Frucht | |
| 12 | Fr | ♑ | Wurzel | |
| 13 | Sa | ♑ | Wurzel | |
| 14 | So | ♑ | Wurzel | |
| 15 | Mo | ♒ | Blüte | |
| 16 | Di | ♒ | Blüte | ☽ |
| 17 | Mi | ♓ | Blatt | |
| 18 | Do | ♓ | Blatt | |
| 19 | Fr | ♓ | Blatt | |
| 20 | Sa | ♈ | Frucht | |
| 21 | So | ♈ | Frucht | |
| 22 | Mo | ♉ | Wurzel | |
| 23 | Di | ♉ | Wurzel | ○ |
| 24 | Mi | ♊ | Blüte | |
| 25 | Do | ♊ | Blüte | |
| 26 | Fr | ♋ | Blatt | |
| 27 | Sa | ♋ | Blatt | |
| 28 | So | ♌ | Frucht | |
| 29 | Mo | ♌ | Frucht | ☾ |
| 30 | Di | ♍ | Wurzel | |

## DEZEMBER

| | | | | |
|---|---|---|---|---|
| 1 | Mi | ♍ | Wurzel | |
| 2 | Do | ♎ | Blüte | |
| 3 | Fr | ♎ | Blüte | |
| 4 | Sa | ♎ | Blüte | |
| 5 | So | ♏ | Blatt | |
| 6 | Mo | ♏ | Blatt | |
| 7 | Di | ♐ | Frucht | ● |
| 8 | Mi | ♐ | Frucht | |
| 9 | Do | ♐ | Frucht | |
| 10 | Fr | ♑ | Wurzel | |
| 11 | Sa | ♑ | Wurzel | |
| 12 | So | ♒ | Blüte | |
| 13 | Mo | ♒ | Blüte | |
| 14 | Di | ♒ | Blüte | |
| 15 | Mi | ♓ | Blatt | |
| 16 | Do | ♓ | Blatt | ☽ |
| 17 | Fr | ♈ | Frucht | |
| 18 | Sa | ♈ | Frucht | |
| 19 | So | ♉ | Wurzel | |
| 20 | Mo | ♉ | Wurzel | |
| 21 | Di | ♊ | Blüte | |
| 22 | Mi | ♊ | Blüte | ○ |
| 23 | Do | ♋ | Blatt | |
| 24 | Fr | ♋ | Blatt | |
| 25 | Sa | ♌ | Frucht | |
| 26 | So | ♌ | Frucht | |
| 27 | Mo | ♍ | Wurzel | |
| 28 | Di | ♍ | Wurzel | |
| 29 | Mi | ♍ | Wurzel | ☾ |
| 30 | Do | ♎ | Blüte | |
| 31 | Fr | ♎ | Blüte | |

**2000**

## JANUAR

| | | | | |
|---|---|---|---|---|
| 1 | Sa | ♏ | Blatt | |
| 2 | So | ♏ | Blatt | |
| 3 | Mo | ♐ | Frucht | |
| 4 | Di | ♐ | Frucht | |
| 5 | Mi | ♐ | Frucht | |
| 6 | Do | ♑ | Wurzel | ● |
| 7 | Fr | ♑ | Wurzel | |
| 8 | Sa | ♒ | Blüte | |
| 9 | So | ♒ | Blüte | |
| 10 | Mo | ♒ | Blüte | |
| 11 | Di | ♓ | Blatt | |
| 12 | Mi | ♓ | Blatt | |
| 13 | Do | ♈ | Frucht | |
| 14 | Fr | ♈ | Frucht | ☽ |
| 15 | Sa | ♈ | Frucht | |
| 16 | So | ♉ | Wurzel | |
| 17 | Mo | ♉ | Wurzel | |
| 18 | Di | ♊ | Blüte | |
| 19 | Mi | ♊ | Blüte | |
| 20 | Do | ♋ | Blatt | |
| 21 | Fr | ♋ | Blatt | ○ |
| 22 | Sa | ♌ | Frucht | |
| 23 | So | ♌ | Frucht | |
| 24 | Mo | ♍ | Wurzel | |
| 25 | Di | ♍ | Wurzel | |
| 26 | Mi | ♎ | Blüte | |
| 27 | Do | ♎ | Blüte | |
| 28 | Fr | ♏ | Blatt | ☾ |
| 29 | Sa | ♏ | Blatt | |
| 30 | So | ♏ | Blatt | |
| 31 | Mo | ♐ | Frucht | |

## FEBRUAR

| | | | | |
|---|---|---|---|---|
| 1 | Di | ♐ | Frucht | |
| 2 | Mi | ♑ | Wurzel | |
| 3 | Do | ♑ | Wurzel | |
| 4 | Fr | ♑ | Wurzel | |
| 5 | Sa | ♒ | Blüte | ● |
| 6 | So | ♒ | Blüte | |
| 7 | Mo | ♓ | Blatt | |
| 8 | Di | ♓ | Blatt | |
| 9 | Mi | ♓ | Blatt | |
| 10 | Do | ♈ | Frucht | |
| 11 | Fr | ♈ | Frucht | |
| 12 | Sa | ♉ | Wurzel | ☽ |
| 13 | So | ♉ | Wurzel | |
| 14 | Mo | ♊ | Blüte | |
| 15 | Di | ♊ | Blüte | |
| 16 | Mi | ♋ | Blatt | |
| 17 | Do | ♋ | Blatt | |
| 18 | Fr | ♌ | Frucht | |
| 19 | Sa | ♌ | Frucht | ○ |
| 20 | So | ♍ | Wurzel | |
| 21 | Mo | ♍ | Wurzel | |
| 22 | Di | ♎ | Blüte | |
| 23 | Mi | ♎ | Blüte | |
| 24 | Do | ♎ | Blüte | |
| 25 | Fr | ♏ | Blatt | |
| 26 | Sa | ♏ | Blatt | ☾ |
| 27 | So | ♐ | Frucht | |
| 28 | Mo | ♐ | Frucht | |
| 29 | Di | ♐ | Frucht | |

## MÄRZ

| | | | | |
|---|---|---|---|---|
| 1 | Mi | ♑ | Wurzel | |
| 2 | Do | ♑ | Wurzel | |
| 3 | Fr | ♒ | Blüte | |
| 4 | Sa | ♒ | Blüte | |
| 5 | So | ♓ | Blatt | |
| 6 | Mo | ♓ | Blatt | ● |
| 7 | Di | ♓ | Blatt | |
| 8 | Mi | ♈ | Frucht | |
| 9 | Do | ♈ | Frucht | |
| 10 | Fr | ♉ | Wurzel | |
| 11 | Sa | ♉ | Wurzel | |
| 12 | So | ♊ | Blüte | |
| 13 | Mo | ♊ | Blüte | ☽ |
| 14 | Di | ♋ | Blatt | |
| 15 | Mi | ♋ | Blatt | |
| 16 | Do | ♌ | Frucht | |
| 17 | Fr | ♌ | Frucht | |
| 18 | Sa | ♌ | Frucht | |
| 19 | So | ♍ | Wurzel | |
| 20 | Mo | ♍ | Wurzel | ○ |
| 21 | Di | ♎ | Blüte | |
| 22 | Mi | ♎ | Blüte | |
| 23 | Do | ♏ | Blatt | |
| 24 | Fr | ♏ | Blatt | |
| 25 | Sa | ♐ | Frucht | |
| 26 | So | ♐ | Frucht | |
| 27 | Mo | ♐ | Frucht | ☾ |
| 28 | Di | ♑ | Wurzel | |
| 29 | Mi | ♑ | Wurzel | |
| 30 | Do | ♒ | Blüte | |
| 31 | Fr | ♒ | Blüte | |

## APRIL

| | | | | |
|---|---|---|---|---|
| 1 | Sa | ♒ | Blüte | |
| 2 | So | ♓ | Blatt | |
| 3 | Mo | ♓ | Blatt | |
| 4 | Di | ♈ | Frucht | ● |
| 5 | Mi | ♈ | Frucht | |
| 6 | Do | ♉ | Wurzel | |
| 7 | Fr | ♉ | Wurzel | |
| 8 | Sa | ♊ | Blüte | |
| 9 | So | ♊ | Blüte | |
| 10 | Mo | ♊ | Blüte | |
| 11 | Di | ♋ | Blatt | |
| 12 | Mi | ♋ | Blatt | ☽ |
| 13 | Do | ♌ | Frucht | |
| 14 | Fr | ♌ | Frucht | |
| 15 | Sa | ♍ | Wurzel | |
| 16 | So | ♍ | Wurzel | |
| 17 | Mo | ♎ | Blüte | |
| 18 | Di | ♎ | Blüte | ○ |
| 19 | Mi | ♏ | Blatt | |
| 20 | Do | ♏ | Blatt | |
| 21 | Fr | ♏ | Blatt | |
| 22 | Sa | ♐ | Frucht | |
| 23 | So | ♐ | Frucht | |
| 24 | Mo | ♑ | Wurzel | |
| 25 | Di | ♑ | Wurzel | |
| 26 | Mi | ♑ | Wurzel | ☾ |
| 27 | Do | ♒ | Blüte | |
| 28 | Fr | ♒ | Blüte | |
| 29 | Sa | ♓ | Blatt | |
| 30 | So | ♓ | Blatt | |

## MAI

| | | | | |
|---|---|---|---|---|
| 1 | Mo | ♓ | Blatt | |
| 2 | Di | ♈ | Frucht | |
| 3 | Mi | ♈ | Frucht | |
| 4 | Do | ♉ | Wurzel | ● |
| 5 | Fr | ♉ | Wurzel | |
| 6 | Sa | ♊ | Blüte | |
| 7 | So | ♊ | Blüte | |
| 8 | Mo | ♋ | Blatt | |
| 9 | Di | ♋ | Blatt | |
| 10 | Mi | ♌ | Frucht | |
| 11 | Do | ♌ | Frucht | ☽ |
| 12 | Fr | ♍ | Wurzel | |
| 13 | Sa | ♍ | Wurzel | |
| 14 | So | ♎ | Blüte | |
| 15 | Mo | ♎ | Blüte | |
| 16 | Di | ♎ | Blüte | |
| 17 | Mi | ♏ | Blatt | |
| 18 | Do | ♏ | Blatt | ○ |
| 19 | Fr | ♐ | Frucht | |
| 20 | Sa | ♐ | Frucht | |
| 21 | So | ♐ | Frucht | |
| 22 | Mo | ♑ | Wurzel | |
| 23 | Di | ♑ | Wurzel | |
| 24 | Mi | ♒ | Blüte | |
| 25 | Do | ♒ | Blüte | |
| 26 | Fr | ♒ | Blüte | |
| 27 | Sa | ♓ | Blatt | ☾ |
| 28 | So | ♓ | Blatt | |
| 29 | Mo | ♈ | Frucht | |
| 30 | Di | ♈ | Frucht | |
| 31 | Mi | ♉ | Wurzel | |

## JUNI

| | | | | |
|---|---|---|---|---|
| 1 | Do | ♉ | Wurzel | |
| 2 | Fr | ♊ | Blüte | ● |
| 3 | Sa | ♊ | Blüte | |
| 4 | So | ♋ | Blatt | |
| 5 | Mo | ♋ | Blatt | |
| 6 | Di | ♌ | Frucht | |
| 7 | Mi | ♌ | Frucht | |
| 8 | Do | ♍ | Wurzel | |
| 9 | Fr | ♍ | Wurzel | ☽ |
| 10 | Sa | ♎ | Blüte | |
| 11 | So | ♎ | Blüte | |
| 12 | Mo | ♎ | Blüte | |
| 13 | Di | ♏ | Blatt | |
| 14 | Mi | ♏ | Blatt | |
| 15 | Do | ♐ | Frucht | |
| 16 | Fr | ♐ | Frucht | ○ |
| 17 | Sa | ♐ | Frucht | |
| 18 | So | ♑ | Wurzel | |
| 19 | Mo | ♑ | Wurzel | |
| 20 | Di | ♒ | Blüte | |
| 21 | Mi | ♒ | Blüte | |
| 22 | Do | ♒ | Blüte | |
| 23 | Fr | ♓ | Blatt | |
| 24 | Sa | ♓ | Blatt | |
| 25 | So | ♈ | Frucht | ☾ |
| 26 | Mo | ♈ | Frucht | |
| 27 | Di | ♈ | Frucht | |
| 28 | Mi | ♉ | Wurzel | |
| 29 | Do | ♉ | Wurzel | |
| 30 | Fr | ♊ | Blüte | |

**2000**

## JULI

| | | | | |
|---|---|---|---|---|
| 1 | Sa | ♊ | Blüte | ● |
| 2 | So | ♋ | Blatt | |
| 3 | Mo | ♋ | Blatt | |
| 4 | Di | ♌ | Frucht | |
| 5 | Mi | ♌ | Frucht | |
| 6 | Do | ♍ | Wurzel | |
| 7 | Fr | ♍ | Wurzel | |
| 8 | Sa | ♎ | Blüte | |
| 9 | So | ♎ | Blüte | ☽ |
| 10 | Mo | ♏ | Blatt | |
| 11 | Di | ♏ | Blatt | |
| 12 | Mi | ♏ | Blatt | |
| 13 | Do | ♐ | Frucht | |
| 14 | Fr | ♐ | Frucht | |
| 15 | Sa | ♑ | Wurzel | |
| 16 | So | ♑ | Wurzel | ○ |
| 17 | Mo | ♑ | Wurzel | |
| 18 | Di | ♒ | Blüte | |
| 19 | Mi | ♒ | Blüte | |
| 20 | Do | ♓ | Blatt | |
| 21 | Fr | ♓ | Blatt | |
| 22 | Sa | ♓ | Blatt | |
| 23 | So | ♈ | Frucht | |
| 24 | Mo | ♈ | Frucht | |
| 25 | Di | ♉ | Wurzel | ☾ |
| 26 | Mi | ♉ | Wurzel | |
| 27 | Do | ♊ | Blüte | |
| 28 | Fr | ♊ | Blüte | |
| 29 | Sa | ♋ | Blatt | |
| 30 | So | ♋ | Blatt | |
| 31 | Mo | ♌ | Frucht | ● |

## AUGUST

| | | | | |
|---|---|---|---|---|
| 1 | Di | ♌ | Frucht | |
| 2 | Mi | ♍ | Wurzel | |
| 3 | Do | ♍ | Wurzel | |
| 4 | Fr | ♎ | Blüte | |
| 5 | Sa | ♎ | Blüte | |
| 6 | So | ♏ | Blatt | |
| 7 | Mo | ♏ | Blatt | |
| 8 | Di | ♏ | Blatt | ☽ |
| 9 | Mi | ♐ | Frucht | |
| 10 | Do | ♐ | Frucht | |
| 11 | Fr | ♑ | Wurzel | |
| 12 | Sa | ♑ | Wurzel | |
| 13 | So | ♑ | Wurzel | |
| 14 | Mo | ♒ | Blüte | |
| 15 | Di | ♒ | Blüte | ○ |
| 16 | Mi | ♓ | Blatt | |
| 17 | Do | ♓ | Blatt | |
| 18 | Fr | ♓ | Blatt | |
| 19 | Sa | ♈ | Frucht | |
| 20 | So | ♈ | Frucht | |
| 21 | Mo | ♉ | Wurzel | |
| 22 | Di | ♉ | Wurzel | |
| 23 | Mi | ♊ | Blüte | ☾ |
| 24 | Do | ♊ | Blüte | |
| 25 | Fr | ♋ | Blatt | |
| 26 | Sa | ♋ | Blatt | |
| 27 | So | ♌ | Frucht | |
| 28 | Mo | ♌ | Frucht | |
| 29 | Di | ♍ | Wurzel | ● |
| 30 | Mi | ♍ | Wurzel | |
| 31 | Do | ♍ | Wurzel | |

## SEPTEMBER

| | | | | |
|---|---|---|---|---|
| 1 | Fr | ♎ | Blüte | |
| 2 | Sa | ♎ | Blüte | |
| 3 | So | ♏ | Blatt | |
| 4 | Mo | ♏ | Blatt | |
| 5 | Di | ♐ | Frucht | |
| 6 | Mi | ♐ | Frucht | ☽ |
| 7 | Do | ♐ | Frucht | |
| 8 | Fr | ♑ | Wurzel | |
| 9 | Sa | ♑ | Wurzel | |
| 10 | So | ♒ | Blüte | |
| 11 | Mo | ♒ | Blüte | |
| 12 | Di | ♒ | Blüte | |
| 13 | Mi | ♓ | Blatt | ○ |
| 14 | Do | ♓ | Blatt | |
| 15 | Fr | ♈ | Frucht | |
| 16 | Sa | ♈ | Frucht | |
| 17 | So | ♉ | Wurzel | |
| 18 | Mo | ♉ | Wurzel | |
| 19 | Di | ♉ | Wurzel | |
| 20 | Mi | ♊ | Blüte | |
| 21 | Do | ♊ | Blüte | ☾ |
| 22 | Fr | ♋ | Blatt | |
| 23 | Sa | ♋ | Blatt | |
| 24 | So | ♌ | Frucht | |
| 25 | Mo | ♌ | Frucht | |
| 26 | Di | ♍ | Wurzel | |
| 27 | Mi | ♍ | Wurzel | ● |
| 28 | Do | ♎ | Blüte | |
| 29 | Fr | ♎ | Blüte | |
| 30 | Sa | ♏ | Blatt | |

## OKTOBER

| | | | | |
|---|---|---|---|---|
| 1 | So | ♏ | Blatt | |
| 2 | Mo | ♐ | Frucht | |
| 3 | Di | ♐ | Frucht | |
| 4 | Mi | ♐ | Frucht | |
| 5 | Do | ♑ | Wurzel | ☽ |
| 6 | Fr | ♑ | Wurzel | |
| 7 | Sa | ♒ | Blüte | |
| 8 | So | ♒ | Blüte | |
| 9 | Mo | ♒ | Blüte | |
| 10 | Di | ♓ | Blatt | |
| 11 | Mi | ♓ | Blatt | |
| 12 | Do | ♈ | Frucht | |
| 13 | Fr | ♈ | Frucht | ○ |
| 14 | Sa | ♈ | Frucht | |
| 15 | So | ♉ | Wurzel | |
| 16 | Mo | ♉ | Wurzel | |
| 17 | Di | ♊ | Blüte | |
| 18 | Mi | ♊ | Blüte | |
| 19 | Do | ♋ | Blatt | |
| 20 | Fr | ♋ | Blatt | ☾ |
| 21 | Sa | ♌ | Frucht | |
| 22 | So | ♌ | Frucht | |
| 23 | Mo | ♍ | Wurzel | |
| 24 | Di | ♍ | Wurzel | |
| 25 | Mi | ♎ | Blüte | |
| 26 | Do | ♎ | Blüte | |
| 27 | Fr | ♎ | Blüte | ● |
| 28 | Sa | ♏ | Blatt | |
| 29 | So | ♏ | Blatt | |
| 30 | Mo | ♐ | Frucht | |
| 31 | Di | ♐ | Frucht | |

## NOVEMBER

| | | | | |
|---|---|---|---|---|
| 1 | Mi | ♑ | Wurzel | |
| 2 | Do | ♑ | Wurzel | |
| 3 | Fr | ♑ | Wurzel | |
| 4 | Sa | ♒ | Blüte | ☽ |
| 5 | So | ♒ | Blüte | |
| 6 | Mo | ♓ | Blatt | |
| 7 | Di | ♓ | Blatt | |
| 8 | Mi | ♓ | Blatt | |
| 9 | Do | ♈ | Frucht | |
| 10 | Fr | ♈ | Frucht | |
| 11 | Sa | ♉ | Wurzel | ○ |
| 12 | So | ♉ | Wurzel | |
| 13 | Mo | ♊ | Blüte | |
| 14 | Di | ♊ | Blüte | |
| 15 | Mi | ♋ | Blatt | |
| 16 | Do | ♋ | Blatt | |
| 17 | Fr | ♌ | Frucht | |
| 18 | Sa | ♌ | Frucht | |
| 19 | So | ♍ | Wurzel | ☾ |
| 20 | Mo | ♍ | Wurzel | |
| 21 | Di | ♍ | Wurzel | |
| 22 | Mi | ♎ | Blüte | |
| 23 | Do | ♎ | Blüte | |
| 24 | Fr | ♏ | Blatt | |
| 25 | Sa | ♏ | Blatt | ● |
| 26 | So | ♐ | Frucht | |
| 27 | Mo | ♐ | Frucht | |
| 28 | Di | ♐ | Frucht | |
| 29 | Mi | ♑ | Wurzel | |
| 30 | Do | ♑ | Wurzel | |

## DEZEMBER

| | | | | |
|---|---|---|---|---|
| 1 | Fr | ♒ | Blüte | |
| 2 | Sa | ♒ | Blüte | |
| 3 | So | ♒ | Blüte | ☽ |
| 4 | Mo | ♓ | Blatt | |
| 5 | Di | ♓ | Blatt | |
| 6 | Mi | ♈ | Frucht | |
| 7 | Do | ♈ | Frucht | |
| 8 | Fr | ♉ | Wurzel | |
| 9 | Sa | ♉ | Wurzel | |
| 10 | So | ♉ | Wurzel | |
| 11 | Mo | ♊ | Blüte | ○ |
| 12 | Di | ♊ | Blüte | |
| 13 | Mi | ♋ | Blatt | |
| 14 | Do | ♋ | Blatt | |
| 15 | Fr | ♌ | Frucht | |
| 16 | Sa | ♌ | Frucht | |
| 17 | So | ♍ | Wurzel | |
| 18 | Mo | ♍ | Wurzel | ☾ |
| 19 | Di | ♎ | Blüte | |
| 20 | Mi | ♎ | Blüte | |
| 21 | Do | ♏ | Blatt | |
| 22 | Fr | ♏ | Blatt | |
| 23 | Sa | ♐ | Frucht | |
| 24 | So | ♐ | Frucht | |
| 25 | Mo | ♐ | Frucht | ● |
| 26 | Di | ♑ | Wurzel | |
| 27 | Mi | ♑ | Wurzel | |
| 28 | Do | ♒ | Blüte | |
| 29 | Fr | ♒ | Blüte | |
| 30 | Sa | ♒ | Blüte | |
| 31 | So | ♓ | Blatt | |

# Register

# Register



**Abbildungsnachweis:**
M. Brauner, Karlsruhe: S. 93
F. Braunsberger, Kirchdorf/Krems: S. 130 o., 130 u., 131, 132
Familienchronik R. Mayr, Niederndorf: S. 7, 8 o.l., 8 o.r., 9, 17, 88, 89, 90
P. Haslwanter, Wattens: S. 46, 94, 144
A. Limbrunner, Dachau: S. 108
F. Mader, Barsbüttel: S. 24
B. Mayr, Niederndorf: S. 6, 8 u., 11, 43, 48, 50, 51 o.l., 51 o.r., 51 u., 52, 53 r., 56, 60, 103, 105 (Ausschnitt), 106, 109, 118, 122 l. 122 r. 150, 151
St. Mayr, Niederndorf: S. 16, 17, 38 o., 57, 61, 117
G. Moser, Brixlegg: S. 128 beide, 140
Nova-Photo-Graphik, Wien: S. 64
Okapia, Frankfurt/M.:S. 2/3
Ortschronik Niederndorf: S. 102, 121, 138, 141, 142 o.
Ortschronik Wildschönau: S. 96, 120, 137, 146, 149
F. Peer, Tulfes: S. 80
H. Reinhard, Heiligenkreuzsteinach: S. 21 o., 30 l., 30 r., 36, 37, 38 u., 39, 40, 41, 42, 65, 84
H. Schrempp, Oberimsingen: S. 14
S. Seidl, München: S. 21 u.
Studio Eising, München: S. 27
E. Thym, Niederndorf: S. 91. 142 u. 147
A. Tragler, Schlierbach: S. 126
R. Tragler, Pettenbach: S. 127
Tiroler Landesmuseum Ferdinandeum, Innsbruck (Fotografin: E. Groth-Schmachtenberger): S. 53 l, 85, 86, 87, 115, 123, 127 u., 136
D. Waldner/Osttiroler Getreidemühlen, Lienz: S. 93
J. Zeltner, Gröbenzell: S. 18, 19, 47, 50, 59, 62 l., 62 r. 66, 72, 74, 76 o.l., 76 o.r., 76 u.l., 76 u.r., 77, 78, 79, 81, 105
R. Zeltner, Rettenschöss: S. 20, 28, 31 l., 31 r. 55, 70, 119 o.l., 119 o.r., 119 u.

**Impressum:**
Autoren: Rupert Mayr / Dr. Renate Zeltner
Projektleitung: Halina Heitz
Redaktion: Redaktionsbüro Dr. Ernö Zeltner, Rettenschöss
Layout/DTP und Herstellung: Martin Strohkendl, München
Umschlaggestaltung: Eva Wenger, München

Der Mosaik Verlag ist ein Unternehmen
der Verlagsgruppe Bertelsmann


Repro: Arti Litho, Trento
Druck und Bindung: Egedsa, Barcelona
Printed in Spain
ISBN 3-576-11041-0
D.L.B.: 37967-97

Rupert Mayr / Renate Zeltner
Vom Umgang mit den Zeichen der Natur
Ganzheitlich denken in Garten, Haushalt, Landwirtschaft. Handfeste Gartenpraxis rund ums Jahr
Mosaik